Découvrez l'histoire par les archives de presse

RETRONEWS

Le site de presse de la BnF

www.retronews.fr

ANNUAIRE

DES CINQ DÉPARTEMENTS

DE LA NORMANDIE

PUBLIÉ

PAR L'ASSOCIATION NORMANDE

82ᵉ ANNÉE**1915**

CAEN	ROUEN
HENRI DELESQUES	LESTRINGANT
IMPRIMEUR-ÉDITEUR	LIBRAIRE
Rue Demolombe, 34	Rue Jeanne-d'Arc, 14

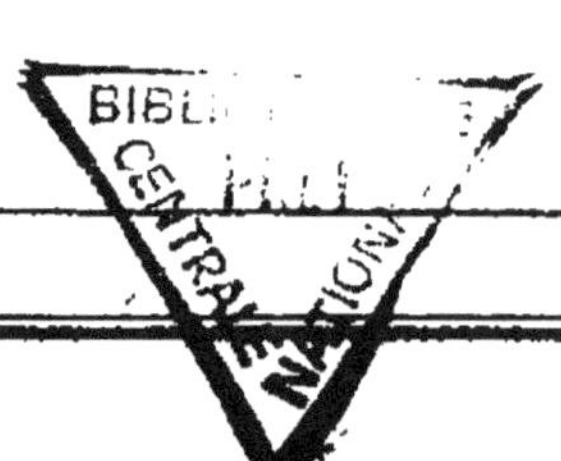

ANNUAIRE
NORMAND

Nota. — Le Conseil administratif a dû procéder à la radiation de plusieurs membres qui n'ont point acquitté leur cotisation, peut-être parce qu'ils étaient absents quand on s'est présenté à leur domicile. Les noms de ces membres seront réintégrés sur la Liste dés qu'ils auront envoyé au Trésorier la rétribution dont ils sont redevables.

MM. les Membres de l'Association dont les noms seraient mal orthographiés ou omis sur la présente Liste sont priés d'en donner avis (*franco*) à M. Monlien, trésorier de l'Association, rue de Bretagne, 13, à Caen, ou à M. de Longuemare, directeur, place de la République, à Caen.

Nota. — Pour faire partie de l'Association Normande, il faut en adresser la demande, soit à M. de Longuemare, soit à M. René Dubourg, ou à M. Monlien, trésorier de l'Association, et prendre l'engagement de payer 5 francs par année, contre la remise du volume de l'*Annuaire*, composé d'environ 500 pages.

ANNUAIRE

DES CINQ DÉPARTEMENTS

DE LA NORMANDIE

PUBLIÉ

PAR L'ASSOCIATION NORMANDE

82e ANNÉE   1915

CAEN	ROUEN
HENRI DELESQUES	LESTRINGANT
IMPRIMEUR - ÉDITEUR	LIBRAIRE
Rue Demolombe, 34	Rue Jeanne-d'Arc, 11

STATUTS DE L'ASSOCIATION NORMANDE

L'Association Normande s'est constituée par un règlement, dont voici les principales dispositions :

« Article Ier. L'Association Normande a pour but d'en-
« courager les progrès de la morale publique, de l'en-
« seignement élémentaire, de l'industrie agricole, manu-
« facturière et commerciale, etc., dans les départements
« formés de l'ancienne province de Normandie ; elle ne
« fait et n'autorise rien qui puisse être en opposition
« avec les principes de la liberté commerciale ; elle
« revendique tous les hommes de talent appartenant à
« la province, et s'honore de leurs travaux. »

« Art. II. L'Association Normande étend ses soins
« à tous les points de la province, sans acception de loca-
« lités : le chef-lieu de l'administration qui la dirige est
« fixé dans la ville de Caen, qui est la plus centrale. »

« Art. III. Le nombre des membres est illimité. Pour
« faire partie de l'Association, il faut être présenté
« par trois membres, avoir signé son adhésion aux
« statuts, et avoir été proclamé dans une séance du
« Conseil. L'opposition de la moitié plus un des mem-
« bres du Conseil présents à la réunion empêche la
« nomination. »

« Art. XVIII. Dans toutes les circonstances où il y
« a lieu de délibérer, les membres absents peuvent
« exprimer leur opinion par écrit. »

« Art. XIX. Le résultat de toutes les réunions est
« consigné dans des procès-verbaux qui sont transcrits
« sur un registre spécial. »

« Art. XX. Chaque année, une réunion générale a
« lieu, pendant l'été, dans une des villes de la province
« qui aura été désignée dans la séance générale de
« l'année précédente. Tous les associés sont convoqués
« à cette séance générale, qui dure plusieurs jours, s'il
« est nécessaire. Des lettres de convocation renferment
« l'indication des principaux objets qui doivent être
« mis en délibération dans cette assemblée. »

« Art. XXI. Dans la séance générale annuelle, le
« directeur et les inspecteurs rendent compte des tra-
« vaux de l'Association durant l'année ; ils présentent
« le tableau des progrès obtenus dans les diverses
« parties de la province, et proposent leurs vues d'amé-

« lioration. Les commissions chargées de travaux spé-
« ciaux font aussi leurs rapports, et le trésorier pré-
« sente l'état des recettes et des dépenses. »

« ART. XXII. Chaque associé paye une cotisation
« annuelle de 5 francs: le produit de cette cotisation
« et les offrandes qui peuvent être faites forment les
« revenus actuels de l'Association. »

Dans sa séance du 2 février 1833, l'*Association
Normande* a décidé la rédaction d'un « Annuaire qui
« ferait connaître, sous tous les rapports, l'état des
« départements de la Normandie, leurs ressources,
« leurs besoins, et les améliorations qu'ils réclament et
« dont l'introduction est possible. »

ASSOCIATION NORMANDE

COMPOSITION DU BUREAU

Directeurs :

Directeur général, M. DE LONGUEMARE, conseiller général, place de la République, 23, à Caen.

Sous-Directeur, M. DUBOURG (René), rue de l'Académie, 10 bis, à Caen.

Inspecteur général :

M. N.....

Secrétaires :

M. CAUTRU (Camille), avocat, conseiller d'arrondissement, place Saint-Sauveur, 34, à Caen.

M. BESNIER, archiviste départemental, à Caen.

Archiviste :

M. N.....

Inspecteurs divisionnaires :

M. Georges DE BEAUREPAIRE, avocat, rue d'Écosse, 11, à Rouen.

M. RÉGNIER, rue du Meilet, 9, à Évreux.

Trésorier honoraire :

M. P. BATAILLE, rue des Croisiers, 12, à Caen.

Trésorier :

M. E. Monlien, rue de Bretagne, 13, à Caen.

Trésorier adjoint :

M. Lhonoré, rue Saint-Pierre, 120, à Caen.

CONSEIL PERMANENT

MM. de Longuemare, directeur de l'Association ;
René Dubourg, sous-directeur ;
Cautru et Besnier, secrétaires ;
le Préfet du Calvados ;
le Préfet de la Seine-Inférieure ;
le Préfet de la Manche ;
le Préfet de l'Eure ;
le Préfet de l'Orne ;
Bataille, trésorier honoraire ;
Monlien, trésorier ;
Biré (Octave), avocat à la Cour d'appel de Caen,
conseiller général, maire de Bretteville-le-Rabet,
rue Pasteur, à Caen.

D'après une disposition réglementaire, le Directeur est autorisé à inviter à assister aux réunions du Conseil vingt membres de l'Association, à son choix. Les membres du bureau central et les inspecteurs font de droit partie du Conseil.

Commission pour la publication de l'Annuaire :

MM. de Longuemare, R. Dubourg, C. Cautru, Besnier.

Cette Commission, renouvelée chaque année, est chargée de classer les articles destinés à paraître dans l'*Annuaire*, après qu'ils ont été agréés par le Conseil administratif.

LISTE GÉNÉRALE DES MEMBRES

CALVADOS

ARRONDISSEMENT DE BAYEUX

Inspecteur : M. ANQUETIL.

Canton de Balleroy.

MM.

BOURRIENNE (l'abbé V.), curé d'Ellon, par Juaye-Mondaye.
BROGLIE (le prince Raymond DE), au château de Vauba-
don, par Balleroy.
VAUSSY, instituteur, à Juaye-Mondaye.

Canton de Bayeux.

Inspecteur : M. DESMASURES.

MM.

ANQUETIL, avocat, rue Saint-Floxel, 23, à Bayeux.
BOUDET, rue des Ursulines, 7, à Bayeux.
BOUILLOT, entrepreneur des édifices diocésains, boulevard
Sadi-Carnot, à Bayeux.
DELMAS, maire de Bayeux, rue des Bouchers.
DESMASURE (Arthur), rue Saint-Patrice, 71, à Bayeux.
DUMANS, ancien magistrat, à Bayeux.
FOY (le comte Fernand), maire, au château de Barbeville,
par Bayeux, et rue de Surène, 25, à Paris, VIIIᶜ.

GARNIER, adjoint au maire, à Bayeux.

GOSSELIN, receveur de l'enregistrement, à Bayeux .

GUILLOT (Félix), à Monceaux, par Bayeux.

JAMES, agriculteur, à Bayeux.

LEFRANÇOIS (Gustave), négociant en vins, rue Saint-Jean, 30 et 32, à Bayeux.

LE MALE (l'abbé L.), rue des Chanoines, 23, à Bayeux.

LEMONNIER (Mgr), évêque de Bayeux.

LE ROY (Paul), avocat, rue Bourbesneur, à Bayeux.

L'ESPINASSE-LANGEAC (le marquis DE), à Bayeux.

MABIRE, conseiller municipal, rue Franche, à Bayeux.

PELCERF, pharmacien, à Bayeux.

PORTALIS (le vicomte), conseiller d'arrondissement, rue Royale, à Bayeux.

SEIGLE (Edmond), agréé, régisseur de biens, rue Général-de-Dais, à Bayeux.

VAUTIER (César), à Cussy, par Bayeux.

Canton de Caumont.

M. DUTERQUE, professeur d'agriculture, à Anctoville, par Villers-Bocage.

Canton d'Isigny.

M. GUÉRIN (l'abbé), curé de Cartigny-l'Épinay, par Lison.

Canton de Ryes.

MM.

BONVOULOIR (le comte Guillaume DE), à Magny, par Ryes.

CHANTERENNE (DE), à Asnelles-sur-Mer.

DUBOSQ (l'abbé), curé de Commes, par Port-en-Bessin.

GOSSET (Gustave), à Commes, par Port-en-Bessin.

LESCAUDEY DE MANNEVILLE, au château de Lescures, par Port-en-Bessin.

Canton de Trévières.

Inspecteur : M. LE TUAL DE LAHEUDRIE.

MM.

GÉRARD (le baron Maurice), député, conseiller général, maire de Maisons, au château de Maisons.

HERVIEU (Albert), négociant, au Breuil, par Littry.

LE TUAL DE LAHEUDRIE, statuaire, ancien maire, à Trévières, et boulevard du Montparnasse, 139, à Paris, VIᵉ.

VAULOGÉ (René, vicomte DE), conseiller d'arrondissement, maire de Tour.

YGOUF, agriculteur, à Vierville-sur-Mer.

ARRONDISSEMENT DE CAEN

—

Canton de Bourguébus.

Inspecteur : M. le comte DE SAINT-QUENTIN, sénateur.

MM.

DURSUS DE COURCY, propriétaire, à Garcelles-Secqueville, par Bourguébus, et à Paris, 9, rue de Penthièvre.

SAINT-QUENTIN (le comte DE), sénateur, président honoraire de la Société d'Agriculture et de Commerce de Caen, au château de Garcelles, par Bourguébus.

—

Cantons de Caen.

Inspecteur : M. BELLENCONTRE.

MM.

BARBÉ (Noé), conseiller d'arrondissement, président de la Chambre de commerce de Caen, place de la République, 12, à Caen.

BATAILLE, trésorier honoraire de l'Association, rue des Croisiers, 12, à Caen.

BEAUREPAIRE (Mlle Marie DE ROBILLARD DE), rue Bosnières, 25, à Caen.

BELLENCONTRE, président honoraire au Tribunal civil, rue Isidore-Pierre, 1, à Caen.

BENOIT DU REY, directeur divisionnaire de l'*Ancienne Mutuelle*, rue Guilbert, à Caen.

BÉQUET (Émile), boulevard Saint-Pierre, 66, à Caen, et à Janville, par Troarn.

BESNIER, archiviste départemental, à Caen.

BIGOT, professeur à la Faculté des Sciences, rue de Geôle, 28, à Caen.

BLAISOT, député, rue Pasteur, à Caen.

BOISSAIS, avocat, rue Saint-Martin, 80, à Caen.

BURNOUF, avocat à la Cour d'appel, rue Écuyère, à Caen.

CAUTRU (Camille), avocat, conseiller d'arrondissement, place Saint-Sauveur, 34, à Caen.

CAUTRU (Alfred), avoué, place Saint-Sauveur, 32, à Caen.

DESPORTES, avoué, place Saint-Martin, 20, à Caen.

DILLÉE, membre du Tribunal de commerce, place Saint-Martin, à Caen.

DOMIN (Edmond), imprimeur, rue de la Monnaie, à Caen.

DUBOURG (René), rue de l'Académie, 10 *bis*, à Caen.

DUBOURG, avocat, place Saint-Sauveur, à Caen.

DUPONT (Joseph), pharmacien, rue Saint-Pierre, 68, à Caen.

DUPRAY (Léon), propriétaire, rue de Bayeux, 111, à Caen.

ÉNOUF, rue du Havre, 7, à Caen.

FILHON (Paul), avoué, rue Gémare, 19, à Caen.

GUILLEMIN-TARAYRE (A.), architecte diplômé du Gouvernement, place Saint-Sauveur, à Caen.

GUILLOUARD, avocat, professeur à la Faculté de Droit, rue des Cordeliers, 9, à Caen.

GUINAT, notaire, place Saint-Sauveur, à Caen.

HÉDIARD, directeur des services agricoles, rue de Bretagne, 47, à Caen.

HETTIER (Charles), docteur en droit, directeur honoraire de l'*Ancienne Mutuelle*, rue Calibourg, 8, à Caen.

JARDIN (Mme), horlogère-bijoutière, place de la République, à Caen.

JOLY, avoué, rue Élie-de-Beaumont, 6, à Caen.

LAGOUELLE, propriétaire, rue Caponière, à Caen.

LEMÉNAGER, avoué, place Saint-Martin, 16, à Caen.

LE MOUTIER, ancien notaire, rue des Jacobins, 37, à Caen.

LEROY (Henri), avocat, rue Élie-de-Beaumont, 5, à Caen.

LHONORÉ, inspecteur d'assurance, rue Saint-Pierre, 120, à Caen.

LONGUEMARE (DE), place de la République, à Caen.

MASSELIN (l'abbé), curé de Cormelles, à Caen.

MONLIEN, trésorier de l'Association, rue de Bretagne, 13, à Caen.

NOBIS, avoué, place Saint-Sauveur, à Caen.

RÉMY, brasseur, à Allemagne, et rue de la Monnaie, à Caen.

ROGER, place Saint-Martin, 11, à Caen.

SAUVAGE, conservateur de la Bibliothèque municipale, rue des Chanoines, 36, à Caen.

SOURIAU, professeur à la Faculté des Lettres de Caen, rue de l'Oratoire, à Caen.

TROLONGE (l'abbé), curé de Saint-Ouen de Caen.

WARCOLLIER, directeur de la Station pomologique, rue de Geôle, 82, à Caen.

———

Canton de Creully.

M. OILLIAMSON (le comte Pierre D'), château de Fontaine-Henry, par Thaon, et rue de la Ville-l'Évêque, 25, à Paris, VIIIe.

———

Canton de Douvres.

Inspecteur : M. DE FORMIGNY DE LA LONDE.

MM.

CAGNIARD, à Périers-sur-le-Dan, par Beuville.

ENGERAND, député, à Langrune-sur-Mer, et rue d'Amsterdam, 69, à Paris.

FORMIGNY DE LA LONDE (DE), au château de La Londe, par
Beuville.

Canton d'Évrecy.

MM.

AIGNEAUX (le vicomte D'), à Éterville, par Maltot.
BELLEVILLE (DE), maire de Tourville-sur-Odon.
LE BOURGUIGNON DU PERRÉ, conseiller général, maire de
Feuguerolles-sur-Orne.
MOTTE (Henri), propriétaire, à Évrecy.
SAMSON, notaire, à Sainte-Honorine-du-Fay.

Canton de Tilly-sur-Seulles.

MM.

ANQUETIL, au manoir du Vicquet, à Mouen, par Verson.
BEAUJOUR (Alphonse), ancien magistrat, membre de la So-
ciété française d'Archéologie, au château de Rots, par
Bretteville-l'Orgueilleuse.
LE VICOMTE DE BLANGY, au château de Juvigny, par Tilly-
sur-Seulles.

Canton de Villers-Bocage.

Inspecteur : M. MARGUERITTE.

MM.

GIRARD (Max), ancien président de la Chambre des avo-
cats agréés près le Tribunal de commerce de la Seine,
Vieux-Château, à Monts, par Villers-Bocage, et avenue
Hoche, 2, à Paris.
MARGUERITTE, huissier, à Villers-Bocage.

ARRONDISSEMENT DE FALAISE

Inspecteur : M. BIRÉ.

—

Canton de Bretteville-sur-Laize.

MM.

AUBIGNY (D'), marquis d'Assy, à Ouilly-le-Tesson, par Langannerie.

BIRÉ (Octave), avocat, maire de Bretteville-le-Rabet, et rue Pasteur, à Caen.

—

Cantons de Falaise.

Inspecteur : M. ROBERT *CARDON*.

MM.

BARBOT, docteur-médecin, maire de Saint-Pierre-du-Bû, à Falaise.

BOUILLARD, architecte de la ville de Falaise.

CARDIN (Robert), avocat, à Falaise.

CARDON (Auguste), propriétaire, à Ussy.

EYRAGUES (le marquis D), propriétaire, à Falaise.

GESLAIN-MALLET, manufacturier, président du Tribunal de commerce, à Falaise.

LA FRESNAYE (le baron Henri DE), ancien officier de marine, à Falaise.

LE CHARPENTIER (Georges), propriétaire, à Falaise.

LE CLERC (Raymond), maire de La Hoguette, par Falaise.

LE COUTURIER (Jules), tanneur, à Falaise.

OILLIAMSON (le marquis D'), maire de Saint-Germain-Langot, par Ussy.

VERSAINVILLE-ODOARD (le marquis DE), maire de Versainville, par Falaise.

—

Canton de Morteaux-Coulibœuf.

Inspecteur : M. le comte DE VENDEUVRE.

MM.

DUSSEAUX, au château de Pont, à Vendeuvre, par Jort.

b

VENDEUVRE (le comte Robert DE), maire de Vendeuvre, par Jort.

Canton de Thury-Harcourt.

M. CROISILLES (DE), propriétaire, à Saint-Rémy.

ARRONDISSEMENT DE LISIEUX

Cantons de Lisieux.

Inspecteur : M. COLLIGNON.

MM.

BOIVIN-CHAMPEAUX (Paul), avocat à la Cour de cassation et au Conseil d'État, sénateur, conseiller général, maire de Moyaux.

COLLIGNON (Marcel), architecte, rue Condorcet, 24, à Lisieux.

DESCOURS-DESACRES, avocat, au château d'Ouilly-le-Vicomte, et rue du Bac, 34, à Paris, VIIe.

DESPORTES, avoué, à Lisieux.

HARDY (l'abbé), place Thiers, à Lisieux.

Mme MENARD, place Thiers, 20, à Lisieux.

PUCHOT (Charles), boulevard de Pont-l'Évêque, à Lisieux.

SAMSON (Jean), manufacturier, à Lisieux.

VIEL, docteur, boulevard Sainte-Anne, à Lisieux.

Canton de Livarot.

MM.

FROMAGE, propriétaire, à St-Michel-de-Livet, par Livarot.

MÉLY (DE), au château du Mesnil-Germain, par Fervaques, et rue de La Trémoille, 26, à Paris, VIIIe.

NEUVILLE (le comte Louis DE), au château de Livet, par Livarot.

NEUVILLE (le comte Joseph DE), au château de Neuville, par Livarot.

Canton d'Orbec.

M. Colbert-Laplace (le comte Jean de), ancien député, maire de St-Julien-de-Mailloc, par La Chapelle-Yvon.

———

Canton de Saint-Pierre-sur-Dives.

Inspecteur : M. BÉQUET.

Mlle Vendeuvre (Élisabeth de), à Saint-Pierre-sur-Dives.

═══════════

ARRONDISSEMENT DE PONT-L'ÉVÊQUE

Inspecteur : M. Paul BRÉARD.

———

Canton de Dozulé.

M. Yanville (le comte Raymond d'), au château de Grangues, par Dives.

———

Canton d'Honfleur.

Inspecteurs : MM. LE CLERC et CHESNEAU.

MM.

Aumont (Gabriel), propriétaire, à Honfleur.
Bigot, sculpteur, villa « La Houlette », Côte de Grâce, à Honfleur.
Blanchet (Gustave), négociant, à Honfleur.
Bréard (Paul), notaire honoraire, à Honfleur.
Chesneau (Georges), avocat, cours de la République, 15, à Honfleur.
Courtois, principal clerc honoraire, à Honfleur.
Durel, docteur-médecin, à Honfleur.
La Piquerie (de), pharmacien, à Honfleur.
Le Clerc (Léon), secrétaire général du *Vieux Honfleur*, à Honfleur.
Montreuil (Pierre), armateur, à Honfleur.

RENOULT (Henri), négociant en coquillages, Côte de Grâce,
à Honfleur.

SESCAU, imprimeur, à Honfleur.

—

Canton de Pont-l'Évêque.

Inspecteur : M. GARNIER.

MM.

DELAMORINIÈRE (Émile), propriétaire, à Saint-Étienne-la-
Thillaye, par Beaumont-en-Auge.

FLANDIN (Ernest), conseiller général, député, au château
de Betteville, à Pont-l'Évêque, et avenue d'Antni, 29,
à Paris, VIIIe.

FOSSEY, agriculteur, à Beaumont-en-Auge.

GARNIER, adjoint au maire, à Pont-l'Évêque.

LE BOURG (Louis), conseiller d'arrondissement, maire de
Reux, par Pont-l'Évêque.

LEGRIP (Ernest), propriétaire, à Vauville, par Touques.

MAUDELONDE, expert agricole, à Saint-Matrin-aux-Char-
trains, par Pont-l'Évêque.

La Bibliothèque de la ville de Pont-l'Évêque.

—

Canton de Trouville.

Inspecteur : M. LECOURT.

MM.

LA SERRE (DE), inspecteur des forêts en retraite, au château de l'Épinay, par Touques, et rue de l'Université,
26, à Paris, VIIe.

LECOURT, ancien notaire, à Trouville, et rue du Château,
169, à Paris, XIVe.

PALYART, maire de Saint-Arnoult, par Touques.

RICARD (Maurice), agriculteur, à Villerville.

ARRONDISSEMENT DE VIRE

Inspecteur : M. GILBERT.

—

Canton d'Aunay-sur-Odon.

M. Gaillard, maire de Danvou, par Saint-Jean-le-Blanc.

—

Canton du Bény-Bocage.

MM.

Danguy (l'abbé), curé à La Graverie.
Lelandais, agriculteur, maire de La Graverie.

—

Canton de Condé-sur-Noireau.

MM.

M. Pelvey (André), négociant, à Condé-sur-Noireau.

—

Canton de Saint-Sever.

Inspecteur : M. BAILLEUL.

MM.

Artois (l'abbé), curé-doyen de Saint-Sever.
Bailleul, principal clerc de notaire, à Saint-Sever.
Delafosse (Jules), député, à Pontfarcy.
Joubert (Albert), propriétaire, à Beaumesnil, par Landelles.
Lechapelais, pharmacien, à Saint-Sever.

—

Canton de Vassy.

Inspecteur : M. ÉMILE BALLÉ

MM.

Aigneaux (Maurice d), propriétaire, au château du Désert, par Le Bény-Bocage.

AMARIS (Edmond), propriétaire, à Pierres, par Vassy.
BALLÉ (Émile), propriétaire, à Burcy, et place Saint-Thomas, à Vire.

—

Canton de Vire.

MM.

BALLÉ (Henri), rue des Cordeliers, à Vire.
BRIZARD, marchand de nouveautés, à Vire.
CHAPRON, négociant, rue Chênedolé, à Vire.
DROUET (Charles), avocat, à Vire.
FORTIN (Pierre), à Vire.
GILBERT, avocat, à Vire.
GRAVERON (P. DE), au château de Maisoncelles-la-Jourdan, par Vire.
HUET (Prosper), agriculteur, à Coulonces, par Vire.
LAHONT, juge d'instruction, à Vire.
LEMAÎTRE, ancien notaire, rue Notre-Dame, 5, à Vire.
PICARD (René), à Saint-Martin-de-Tallevende, par V're.
RAULT, avoué, à Vire.
ZIMMERMANN, propriétaire, à Vire.

MANCHE

—

ARRONDISSEMENT D'AVRANCHES

Inspecteur : M. DE LOMAS.

—

Canton d'Avranches.

Inspecteur : M. MAUDUIT.

MM.

DAUSSE (Eugène), ancien magistrat, président de la Société d'archéologie d'Avranches, à Avranches.

GILBERT (Hippolyte), banquier, château du Bois-Guérin, à Avranches.

MAUDUIT (Sosthène), maire de Saint-Martin-des-Champs, à Avranches.

—

Canton de Brécey.

M. le colonel DE BRÉCEY, conseiller général, au château de la Brisolière, à Brécey.

—

Canton de Ducey.

Inspecteur : M. RAULIN.

M. RAULIN (Henri), vice-président de la Société d'Agriculture d'Avranches, à Juilley, par Ducey.

—

Canton de Granville.

MM.

COSTE, maître de l'Hôtel du Nord, à Granville.

DIOR, député, à Granville.

GIBON (le vicomte DE), château de Grainville, à Saint-Nicolas, par Granville.

LOMAS (DE), propriétaire, La Horie, à Saint-Nicolas, près Granville.

LUCAS-GIRARVILLE, ancien proviseur du Lycée de Coutances, à Granville.

MOLINS, capitaine en retraite, à Saint-Nicolas, par Granville.

POTIER DE LA VARDE (Robert), à Saint-Pair.

RIOTTEAU, sénateur, à Granville.

TARDIF, propriétaire, villa de Scissy, à Saint-Pair.

———

Canton de Pontorson.

M. POULARD (aîné), ancien maître d'hôtel, au Mont-St-Michel.

———

Canton de Sartilly.

M. LIOT, maire de Bacilly.

———

Canton de Villedieu.

Inspecteur : M. HAVARD.

MM.

HAVARD (Adolphe), fondeur de cloches, à Villedieu.

LOYER (Émilien), éleveur, à Beslon, par Villedieu.

ARRONDISSEMENT DE CHERBOURG

Inspecteur : M. NOËL.

MM.

NOËL, capitaine de frégate en retraite, place Napoléon, 22, à Cherbourg, et à Saint-Marcouf, par Montebourg.

ROSTAND, propriétaire, au château de Flamanville, et à Caen, 28, rue des Carmes.

ARRONDISSEMENT DE COUTANCES

Inspecteur : M. DE MANNEVILLE.

Canton de Bréhal.

Inspecteur : M. DE MANNEVILLE.

MM.

DUHAMEL, à Chanteloup, par Bréhal.

LESCAUDEY DE MANNEVILLE (Olivier), propriétaire, au château du Mesnil, à Bréhal, et route de Coutances, 107, à Granville.

MAHEUT (Georges), propriétaire, à Cérences.

Canton de Cerisy-la-Salle.

MM.

DAMECOURT, ancine notaire, à Belval.

MONS (DE), propriétaire, à Savigny, par Belval.

Canton de Coutances.

MM.

BOISSEL-DOMBREVAL, député, à Coutances.

DELARUE (Jules), notaire, à Coutances.

DUPÉROUZEL, avocat, à Coutances.

GUÉRARD (Mgr), évêque de Coutances et Avranches, à Coutances.

JEHENNE (Jules), conseiller général, rue Fontaine-Jouan, à Coutances.

PIQUOT-LETENNEUR, rue de la Poissonnerie, 7, à Coutances.

—

Canton de Gavray.

Inspecteur : M. GUERNIER.

MM.

GRANDIN (Léon(, herbager, à Lengronne, par Saint-Denis-le-Gast.

GRAVERON (le comte Henri DE), au château de Ver, par Gavray.

GUENON-DESLONGCHAMPS (Charles), propriétaire et maire, à Hambye.

GUERNIER, notaire, honoraire, à Gavray.

—

Canton de La Haye-du-Puits.

M. NOËL (François), directeur de l'école d'agriculture de Coigny, par Prétot.

—

Canton de Lessay.

Inspecteur : M. LÉON FAUVEL.

M. FAUVEL (Léon), notaire, à Lessay.

—

Canton de Montmartin-sur-Mer.

MM.

LEGOUBIN (Henri), fabricant de chaux, à Hyenville, par Orval.

OLIVE, château de Lingreville.

—

Canton de Saint-Sauveur-Lendelin.

M. MICHEL DE MONTHUCHON (Louis), propriétaire, au château de Monthuchon, par Coutances.

ARRONDISSEMENT DE MORTAIN

Canton de Barenton.

MM.

ACHARD DE LA VENTE (Joseph), à Saint-Cyr-du-Bailleul, par Barenton.

Canton de Juvigny.

M. TOULMON (DE), au château de la Bazoge, par Juvigny-le-Tertre.

Canton de Mortain.

MM.

COSTARD, juge de paix, à Mortain.

DELATOUCHE (Edmond) fils, agriculteur, à La Haute-Barre, à Saint-Clément, par Mortain.

DELATOUCHE (Henri), propriétaire, à Saint-Clément, par Mortain.

GALLIE, professeur au Collège, à Mortain.

GAUDIN DE VILLAINE, sénateur, au château de Saint-Jean-du-Corail, par Mortain, et à Paris, 28, au Luxembourg.

JAMONT (Mlle Irma), propriétaire, à Mortain.

JOSSET (Henri), avocat, à Mortain.

LE GRAND (Anatole), maire de Romagny, par Mortain, et rue de l'Arcade, 22, à Paris, VIIIe.

POULLAIN (Henri), avoué honoraire, à Mortain.

Canton de Saint-Hilaire-du-Harcouët.

MM.

Bréhier (Julien), propriétaire, à Saint-Hilaire-du-Harcouët.

Le Grand (Arthur), député, conseiller général, maire de Milly, par Saint-Hilaire-du-Harcouët, et rue Chauveau-Lagarde, 18, à Paris, VIIIᵉ.

Robillard de Beaurepaire (Mᵐᵉ veuve Joseph de), au Mesnillard, par Saint-Hilaire-du-Harcouët.

—

Canton de Sourdeval.

Inspecteur : M. LE SOUDIER.

M. Le Soudier (Edmond), avocat au Conseil d'État et à la Cour de cassation, membre du Conseil général de la Manche, maire de Sourdeval, et carrefour de l'Odéon, 2, à Paris, VIᵉ.

—

Canton du Teilleul.

MM.

Dupont, conseiller général, à Buais.

Trempu (Alexis), notaire, au Teilleul.

ARRONDISSEMENT DE SAINT-LO

Inspecteur : M. GUILLOT.

—

Canton de Carentan.

Inspecteur : M. GOSSELIN

MM.

Gosselin (Frédéric), imprimeur, à Carentan.

Lécuyer (E.), propriétaire, à Carentan.

Leroux, notaire, à Carentan.

Le Roy (Achille), huissier, à Carentan.

—

Canton de Saint-Lo.

MM.

CAHOUR, route de Bayeux, à Saint-Lo.

GUILLOT (Gaëtan), rue du Rempart, 1, à Saint-Lo, et rue Crevaux, 5, à Paris, XVIᵉ.

YOUF (Léon), constructeur de machines agricoles, à Saint-Lo.

—

Canton de Tessy-sur-Vire.

M. LEMÉLOREL, propriétaire, à Saint-Vigor-des-Monts, par Pontfarcy.

ARRONDISSEMENT DE VALOGNES

—

Canton de Barneville.

M. DENIS, notaire, conseiller général, à Barneville.

—

Canton de Bricquebec.

Inspecteur : M. DE LA MARTINIÈRE.

MM.

DOYNEL DE FRANCQUEVILLE, propriétaire, à Bricquebec.

LA MARTINIÈRE (DE), député, à Bricquebec, et boulevard Malesherbes, 52, à Paris, VIIIᵉ.

—

Canton de Montebourg.

Inspecteurs : MM. le comte DE PONTGIBAUD et VRAC.

MM.

CUQUEMELLE (Placide), propriétaire, à Montebourg.

LECOUFLET, propriétaire, à Fresville, par Montebourg.

VRAC (Eugène), ancien maire de Montebourg.

—

Canton de Valognes.

Inspecteur : M. FAUVEL.

MM.

BRAFIN (Jules), avoué honoraire, à Valognes.

BRETEL (Eugène), négociant en beurres, à Valognes.

FAUVEL (Arthur), greffier du Tribunal de première instance, à Valognes.

PARFOURU (DE), au château de Servigny, à Yvetot, par Valognes.

ORNE

—

ARRONDISSEMENT D'ALENÇON

Inspecteur : M. DUVAL.

Canton d'Alençon.

Inspecteur : M. RENÉ FOCET.

MM.

AVELINE, avoué, maire, à Alençon.

BEAUREGARD (DE), château d'Aché, à Valframbert, par Alençon.

DELAUNUY (Édouard), caissier de la Trésorerie générale, rue des Tisons, 71, à Alençon.

DUVAL, archiviste départemental honoraire, rue de Cazault, 47, à Alençon.

FOCET (René), avoué, à Alençon.

HUS, négociant, conseiller municipal, à Alençon.

LANGLAIS, professeur départemental d'agriculture, à Alençon.

LEBOUCHER, pharmacien, à Alençon.

LECLÈRE (Adhémard), résident de France au Cambodga, à Alençon.

LEGUERNEY, conseiller municipal, à Alençon.

LETACQ (l'abbé), chapelain des Petites-Sœurs des Pauvres, à Alençon.

—

Canton de Courtomer.

M. SAVARY (Georges), officier d'Académie, à Saint-Scolasse-sur-Sarthe.

—

Canton du Mêle-sur-Sarthe.

M. RŒDERER (le comte), président du Comice agricole, conseiller général, au château du Bois-Roussel, par Essay.

—

Canton de Sées.

Inspecteur : M. JOSEPH HOMMEY.

MM.

BARDEL (Mgr), évêque de Sées.
DUMAINE (l'abbé), vicaire général, à Sées.
HOMMEY (Joseph), docteur-médecin, à Sées.

ARRONDISSEMENT D'ARGENTAN

Inspecteur : M. DE VAUCELLES.

—

Canton d'Argentan.

Inspecteur : M. GERMAIN-LACOUR.

MM.

DESHAYES, notaire, à Argentan.
GERMAIN-LACOUR, maire de Moulins-sur-Orne, par Argentan.
HÉLIE, notaire, à Argentan.
HOMMEY, avocat, à Argentan.
MOULINET, avocat, à Argentan.
SOUQUET DE LATOUR, propriétaire, à Moulins-sur-Orne, par Argentan.

—

Canton de Briouze.

Inspecteur : M. DE VAUCELLES.

MM.

DELAUNAY (Charles), à La Bordellière, par Briouze.
GIBAULT LA RAMÉE, au Ménil-de-Briouze, par Briouze-Saint-Gervais.

Vaucelles (le comte J. de), au château de Lignou, par
Briouze.

Canton d'Écouché.

MM.

Descours, notaire, à Rânes.
Pringault, agent voyer en retraite, à Écouché.   ,

Canton d'Exmes.

MM.

Laplanche, greffier de la Justice de paix, à Exmes.
Laurent-Champrosay (André), notaire, au Bourg-Saint-
Léonard.
Roissy (Michel de), château de Villebadin, par Exmes.
Saint-Pierre (Mme la marquise de), au château de la Vente,
à Silly-en-Gouffern, par Le Bourg-Saint-Léonard, et rue
du Faubourg-Saint-Honoré, 25, à Paris, VIII.

Canton de La Ferté-Fresnel.

MM.

André (François), fils, maire de Couvains, par Saint-Clair-
sur-la-Manche.
Maussion (Thomas de), colonel d'infanterie de marine, à
Saint-Évroult-Notre-Dame-des-Bois.

Canton de Gacé.

MM.

Bonhomme (Ernest), conseiller d'arrondissement, à Coul-
mer, par Gacé.
Caillère, juge de paix, à Gacé.
Moulinet, marchand de nouveautés, à Gacé.

c

Canton du Merlerault.

Inspecteur : M. CORBIÈRE.

M. CORBIÈRE (Henri), propriétaire, au château de Nonant-
le-Pin.

Canton de Mortrée.

Inspecteur : M. DE LA BRETÈCHE.

MM.

AUDIFFRET-PASQUIER (le duc D'), au château de Sassy, par
Mortrée.

Mlle DESPOIS, institutrice, à Almenèches.

DU MOULIN DE LA BRETÈCHE (Alexandre), à Tercey, Saint-
Loyer-des-Champs, par Almenèches.

SÉVRAY (l'abbé), prêtre habitué, à Mortrée.

Canton de Putanges.

Inspecteur : M. le baron DES ROTOURS.

MM.

ANGOT DES ROTOURS (le baron Jules), au château des Rotours, par Putanges, et avenue de Villars, 9, à Paris,
VIIIe.

DAUGER (le vicomte Guy), château du Jardin, par Putanges.

GUIBOUT (Eugène), propriétaire, à Champcerie, par Bazo-
ches-en-Houlme.

LE ROY-WHITE, au château de Rabodanges, par Bazoches-
en-Houlme.

MENEUT, juge de paix, à Putanges.

VIGNERAL (le comte B. DE), ancien officier d'infanterie, château de Ri, par Habloville.

Canton de Trun.

M. GAUCHOT, docteur-médecin, maire de Chambois.

—

Canton de Vimoutiers.

Inspecteur : M. le baron DE MACKAU.

MM.

BONNEVAL (le vicomte B. DE), au château de Vimer, par Vimoutiers.
DESPREZ (Léonard), à Orville, par Ticheville.
FOULON (René), à La Pile, Le Sap.
LANIEL (Henri), manufacturier, à Vimoutiers.
LANIEL (Mme Henri), à Vimoutiers.
LECŒUR, pharmacien, à Vimoutiers.
MACKAU (le baron DE), député, au château de Vimer, par Vimoutiers.

ARRONDISSEMENT DE DOMFRONT

Inspecteur : M. LEMARDELAY.

—

Canton d'Athis

VELAY (Guy), conseiller général, maire d'tAhis.
DURAND, notaire à Athis, maire de Notre-Dame-des-Roches.
DUVAL, ancien maire, à Montsecret.

—

Canton de Domfront.

Inspecteur : M. LÉONCE LÉVESQUE.

MM.

APPERT, avoué, à Domfront.
BELIN, maître d'hôtel, à Domfront.
BICHAIN, négociant, à Domfront.
CALLOË, receveur des finances, à Domfront.

CHAUVIN, architecte, à Domfront.

CHESNEAU, secrétaire à la Sous-Préfecture de Domfront.

COUSIN, propriétaire, à Domfront.

DALIGAULT (Firmin), avocat, à Domfront.

DELISLE, greffier du Tribunal civil, à Domfront.

DUDOUIT (René), avoué, à Domfront.

GALLOT, avocat, juge suppléant, maire de Domfront.

GUÉRIN (Constant), propriétaire, à Domfront.

GUYOMARD, procureur de la République, à Domfront.

LACHÈVRE, notaire, à Céaucé.

LEBLANC (François), officier de l'Instruction publique, ancien maire de Domfront.

LECHIPPEY, entrepreneur carrier, à Domfront.

LECLER (Maurice), avoué, à Domfront.

LECRONIER, pharmacien, à Domfront.

LEDEMENÉ, greffier de la Justice de paix, à Domfront.

LÉGER, notaire, à Domfront.

LE MARDELAY (Auguste), conseiller d'arrondissement, à Domfront.

LEVERRIER (Théophile), à Saint-Front, Domfront.

LÉVESQUE (Léonce), avoué, à Domfront.

PARIS (Ernest), pharmacien, à Domfront.

PERRET, directeur de la ferme-école du Saut-Gautier, à Domfront.

PLESSIS (Adrien), avocat, à Domfront.

RENARD (Albert), propriétaire, à Domfront.

ROIMARNIER, sous-préfet, à Domfront.

ROULLEAUX-DUGAGE (Georges), boulevard Haussmann, 155, à Paris.

ROULLEAUX-DUGAGE (Henri), député, maire de Rouellé, et à Paris, rue de Berry, 5 *bis*.

Mme SCHALCK DE LA FAVERIE, femme de lettres, à Domfront, et avenue de la Grande-Armée, 82, à Paris, XVIe.

THOMAS, commis-greffier du Tribunal civil, à Domfront.

THOMAS (Albert), fils à Domfront.

THIMOTHÉE, négociant, à Domfront.

VÉXARD, docteur-médecin, à Domfront.

Canton de La Ferté-Macé.

Inspecteur : M. MEYNAERTS.

MM.

BARBÉ (l'abbé), professeur au Petit-Séminaire, à La Ferté-Macé.

BOBOT-DESCOUTURES, manufacturier, à La Ferté-Macé.

FROTTÉ (le marquis de), château de Couterne et 52, quai de Billy, Paris.

GAUTIER, notaire, à La Ferté-Macé.

MEYNAERTS, préposé en chef de l'octroi, rue des Guichets, 24, à Sées.

THOMMEREL, artiste peintre, à Couterne.

—

Canton de Flers.

Inspecteur : M. JEAN CABROL.

MM.

BAIN (Georges), juge au Tribunal de commerce de Flers.

BELLANGER (Charles), rue de Messei, à Flers.

BIGOT, notaire, à Flers.

BRISOLLIER, (André), à Caligny.

BOUTARD, directeur de l'usine à gaz, à Flers.

CABROL (Jean), négociant, conseiller d'arrondissement, à Flers.

CHATEL (Albert), à Saint-Georges-des-Groseilliers.

CHAUVIN (Victor), négociant, rue du Théâtre, 17, à Flers.

CORRIÈRE (Ernest), à Cerisi-Belle-Étoile, par Flers, et rue du Sentier, 10, à Paris, IIe.

COULOMBE (Henri), propriétaire-éleveur, à Flers.

DELAUNAY, Café du Commerce, à Flers.

DUHAZÉ (Joseph), manufacturier, à Flers.

FOUCAULT (Daniel), rue du Calvados, 41, à Flers.

FOUCAULT (Maurice), à Flers.

GRAINDORGE, imprimeur, à Flers.

LACAILLE, propriétaire à l'abaye, Cerisi-Belle-Etoile, et boulevard Raspail, 295, à Paris.

LECHEVREL (Joseph), maire de Saiént-Paul.

LESUEUR (Emile), conseiller d'arrondissement, à Flers.

LEMAIRE (Emile), négociant, adjoint au maire, à Flers.

LEHUGEUR (Mme veuve Henri), présidente de la Crèche, à Flers.

MAUPAS (Amand), maire de Cerisi-Belle-Etoile.

POUPEL (André), notaire, à Flers.

SABINE (Léopold), négociant, maire de Flers.

—

Canton de Juvigny-sous-Andrines

M. CHRISTOPHE (Georges), conseiller réfenrendaire à la Cour des Comptes, conseiller général à Tessé-la-Madeleine, au Gué,-aux-Biches, et à Paris, 60, aevnue Victor-Hugo.

—

Canton de Lonlay

M. DUBOIS (l'abbé), curé de Lonlay-l'Abbaye.

—

Canton de Messei.

Mme GEVELOT, au domaine de Dieufit, par Bellou-en Houlme, et rue d'Athènes, 14, à Paris.

M. DE BEAUREGARD, au Châtelier.

—

Canton de Passais

M. ONFRAY (l'abbé), vicaire de Saint-Mars-d'Egrenne.

—

Canton de Tinchebray.

MM.

ACHARD (Adolphe), maire de Tinchebray.

ANFRAY (Henri), maire de Saint-Quentin-les-Chardonnet-tes.

BANVILLE (le vicomte DEJ, conseiller général, au château du Rosel, par Montsecret, et rue du Regard, 14, à Paris, VIe.

DELANOË (Albert), propriétaire, à Tinchebray.

DELANOË (Marie), notaire, à Tinchebray.

KELLER (Albert), propriétaire, à Tinchebray.

LE MARDELAY (Auguste), conseiller d'arrondissement, à Tinchebray.

VIVIEN (Augustin), docteur-médecin, à Tinchebray.

ARRONDISSEMENT DE MORTAGNE

Inspecteur : M. DE BRÉBISSON.

Canton de Bellême.

M. BANSARD DES BOIS, député, à Bellême, et rue du Faubourg-Saint-Honoré, 86, à Paris, VIIIᵉ.

Canton de Laigle.

Inspecteur : M. FOULON.

MM.

BOHIN (Benjamin), manufacturier, à Saint-Sulpice-sur-Rîle, par Laigle.

DESHAYES, propriétaire, à Laigle.

FOULON (Eugène), propriétaire, à Laigle.

THIBOUST (Alexandre), à la Bouverie, à Laigle.

Canton de Longny.

MM.

BRÉBISSON (René DE), au château des Forges, par Longny.

DU BUISSON (Émile), à Longny.

GOUDE, notaire, à Longny.

Canton de Mortagne.

Inspecteurs : MM. DE HEURTAUMONT et CHEVALIER.

MM.

CHEVALIER, secrétaire de la Mairie, à Mortagne.

Cotreuil, propriétaire, rue de Bellême, à Mortagne.

Feuillard (Ansbert), aux Rues, à Mauves-sur-Huine.

Heurtaumont (G. de), conseiller général, maire de Saint-Mard-de-Réno, par Mortagne.

Lainé (Eugène), ancien maire de Corbon, vice-président du Comice du canton de Mortagne, à Corbon, par Mauves-sur-Huine.

Levassort, docteur-médecin, à Mortagne.

Philippe, directeur de l'École Bignon, à Mortagne.

Pichard, négociant, à Mortagne.

Vanssay (le vicomte de), au château de Saint-Denis-sur-Huîne, par Mortagne.

—

Canton de Moulins-la-Marche.

M. Fleury, sénateur, à Auguaise, par Notre-Dame-d'Aspres, et rue de Turin, à Paris, VIIIᵉ.

—

Canton de Nocé.

M. Tournouer (Henri), archiviste-paléographe, président de la Société historique de l'Orne, au château de Saint-Hilaire-des-Noyers, par Nocé, et boulevard Raspail, 5, à Paris, VIIᵉ.

—

Canton de Pervenchères.

M. Dufray de la Mahérie, conseiller général, au château de La Ferrière, à Pervenchères.

—

Canton de Tourouvre.

M. Bourgeois (Henri), à Bellegarde, par Tourouvre.

—

Canton de Nocé.

M. Chouanard (Jules), à Verries et à Nogent-le-Rotrou, 26, faubourg Saint-Hilaire.

EURE

Inspecteur divisionnaire : M. RÉGNIER.

—

ARRONDISSEMENT DES ANDELYS

—

Canton des Andelys.

Inspecteur : M. LÉON COUTIL.

MM.

CARON (Ferjus), libraire-éditeur, aux Andelys.

COULOUMA, imprimeur, directeur du *Journal des Andelys*, aux Andelys.

COUTIL (Léon), artiste-peintre, aux Andelys, et à Saint-Pierre-du-Vauvray.

MICHEL (Alfred), avoué, ancien maire des Andelys.

SÉBASTIEN (Désiré), à Feuquerolles, aux Andelys.

—

Canton d'Écos.

Inspecteur : M. PERROT.

MM.

COQUAND, propriétaire, maire de Fourgues, par Gasny.

DEVESLY-JOLY, propriétaire, à Bus-Saint-Remy, par Écos.

DUVERDY (Maurice), propriétaire, au Bois de Becquet, à Fourgues, par Gasny.

GUILLET (Lucien), au château de Sainte-Geneviève-les-Gasny, par Vernon.

HERVÉ (Clément), conseiller général, à Château-sur-Epte, par les Thilliers-en-Vexin.

MÉRY DE BELLEGARDE (Jean), au château de Berthenonville, par Écos.

PARMENTIER, agriculteur, à Fours, par Écos.

PERROT (Oscar), notaire, à Écos.

VILLARD (Jacques), conseiller d'arrondissement, au château de Fours, par Écos.

Canton d'Étrépagny.

M. DORÉ (Henri), agriculteur-éleveur, ferme de Gamaches, par Étrépagny.

Canton de Fleury-sur-Andelle.

MM.

DECHAUMONT (Albert), agriculteur, à Boisemont, par Écouis.

DEFONTENAY, agriculteur, à Houville, par Écouis.

LE VAVASSEUR (le baron), château de Radepont, par Fleury-sur-Andelle.

Canton de Gisors.

Inspecteur : M. LE BRET.

MM.

BINET, maire de Gisors.

BUEIL (le comte DE), à Gisors.

CAFFIN (Amédée), agriculteur, à Gisors.

CHAMPY, conseiller d'arrondissement, à Gisors.

CHÉRON (Louis), président de la Caisse régionale de Crédit agricole mutuel du Vexin, à Gisors.

COUARDE (l'abbé), curé-doyen de Gisors.

DARDEL, docteur-médecin, à Gisors.

DELAFOSSE, propriétaire, à Éragny (Oise), par Gisors.

DUBOIS, propriétaire, conseiller d'arrondissement, à Gisors.

DUCHESNE (Jules), agriculteur, à Gisors.

ÉMOND, mégissier, à Gisors.

GAVIGNOT, agriculteur, château de Boisdenemets, aux Thilliers-en-Vexin.

GRIACHE, propriétaire, à Gisors, et à Cézy (Yonne).

LE BRET, trésorier de la Caisse d'épargne, à Gisors.

PATROUILLARD, pharmacien, à Gisors.
PATTE, conservateur du Musée, à Gisors.
PRUVÔT (C.), agriculteur, à Gisors.
TASSART (Charles), agriculteur, à Saint-Denis-le-Ferment,
  par Gisors.

ARRONDISSEMENT DE BERNAY

Canton de Beaumesnil.

Inspecteur : M. DE BAUDICOURT.

M. BAUDICOURT (DE), maire de Saint-Pierre-du-Mesnil, au château du Blanc-Buisson, par La Barre, et boulevard
  Saint-Michel, 91, à Paris, Vᵉ.

Canton de Bernay.

Inspecteur : M. CAUCHEPIN.

MM.

CAUCHEPIN, quincaillier, à Bernay.
DURAND, avocat, à Bernay.
LESENS, propriétaire, à Berºnay.
MIGNON (Louis), avocat, à Bernay.
MIGNON (Victor), greffier du Tribunal de commerce, à Ber-
  nay.

Canton de Brionne.

Inspecteur : M. JOIN-LAMBERT.

MM.

BOUCHON père, à Nassandres.
BOUCHON fils, à Nassandres.
HUE (Georges), conseiller municipal, à Brionne.

JOIN-LAMBERT, membre du Conseil général, à Livet-sur-Authou, par Pont-Authou, et rue de Penthièvre, 24, à Paris, VIIIe.

Canton de Thiberville.

M. PORÉE (l'abbé), curé de Bournainville, par Thiberville.

ARRONDISSEMENT D'ÉVREUX

Inspecteur : M. BERTIN.

Canton de Breteuil.

M. DE JARNAC (le comte), au château de Condé, par Breteuil, et rue Lapérouse, 9, à Paris.

Canton de Conches.

Inspecteur : M. DE MARE.

MM.

CLERMONT-TONNERRE (le duc DE), au château de Glisolles, par La Bonneville.

DELARUE (Eugène), propriétaire, à Conches.

DUMONTIER, ancien notaire, à Émanville.

GEOFFROY DE GRANDMAISON, au château de Nagel, par Conches.

GOUJARD, agriculteur, à Gaudreville, par La Bonneville.

MARE (Albéric DE), au château d'Orvaux, par Conches.

Canton de Damville.

MM.

BRU (l'abbé), curé de Gouville, par Damville.

ERARD (le comte D'), à Hellenvilliers, par Damville.

FOREL, propriétaire, aux Essarts, par Damville.

HELLARD (Paul), éleveur, à Gouville, par Damville.

Canton d'Évreux.

Inspecteur : M. GUILLEMARE.

MM.

CHAMPIGNY (le marquis DE), au château de Normanville, par Évreux.

DECHELETTE (Mgr), évêque d'Évreux.

DOUCERAIN, avocat, secrétaire de la Société libre de l'Eure, rue de la Banque, 12, à Évreux.

DUMERIA, propriétaire, château d'Émalleville, par Évreux.

GAZAN (Vulgis), ingénieur des approvisionnements généraux des Chemins de fer de l'État, à Huest, par Évreux, et rue Logelhoin, 9, à Paris.

GUÉRY (l'abbé), aumônier du Lycée, boulevard Gambetta, 49, à Évreux.

GUILLEMARE (Ernest), secrétaire de la Société libre de l'Eure (section des lettres), rue de la Petite-Cité, à Évreux.

JACQUELIN (Henri), architecte, boulevard Pasteur, 30, à Évreux, et boulevard Montparnasse, 20, à Paris.

LAMIOT (J.), avenue de Caen, 84, à Évreux.

LECŒUR (Charles), manufacturier, 7, rue de la Petite-Cité, à Évreux.

LHOPITAL (Joseph), président du Syndicat agricole, au château d'Angerville-la-Campagne, par Évreux.

NOUVEL, propriétaire, au château de la Ronce, à Jouy-sur-Eure, par Fontaine-sous-Jouy.

RÉGNIER (Louis), correspondant du Ministère de l'Instruction publique, rue du Meilet, 9, à Évreux.

ROSTOLAN (le comte Félix DE), au château du Buisson, à Guichainville, par Évreux.

—

Canton de Nonancourt.

Inspecteur : M. PERRON.

MM.

PERRON, propriétaire, à La Madeleine-de-Nonancourt, par Nonancourt.

Roussel (Paul), notaire, à Nonancourt.

Viel-Castel (le comte Pierre de), à Louye, par Dreux (Eure-et-Loir).

———

Canton de Rugles.

M. Desloges, ancien président de la Société d'études préhistoriques, au Petit-Château, à Rugles.

———

Canton de Saint-André-d'Eure.

M. Buffet (Charles), à Saint-André-d'Eure.

———

Canton de Verneuil-sur-Avre.
Inspecteur : M. OUDIN.

MM.

Barbier, photographe, rue Gambetta, à Verneuil-sur-Avre.

Beauvais (Alcide), à Verneuil-sur-Avre.

Bornes (F.), maître d'Hôtel du Saumon, à Verneuil-sur-Avre.

Fouquet du Lussigneul, manoir de Bourgtheroulde.

Garnier (A.), fondeur, à Verneuil-sur-Avre.

Gauquelin, maire de Saint-Cristophe-sur-Avre, par Chênebrier.

Girard (Léon), maire de Piseux, par Verneuil-sur-Avre.

Lebrun (Léon), propriétaire, à Verneuil-sur-Avre.

Martin, propriétaire, à Gournay-le-Guéru, par Bourgtheroulde.

Maury, négociant, place Saint-Jean, à Verneuil-sur-Avre.

Mousseau, propriétaire, à Tillières-sur-Avre.

Oudin, conseiller général, maire de Verneuil.

Pasquier (Henri), propriétaire, aux Barils, par Verneuil-sur-Avre.

Phélizot (le capitaine), directeur des mines de la Compagnie générale d'électricité, à Tillières-sur-Avre.

Raimbault, représentant, à Goëlay, par Verneuil-sur-Avre.

Ratour (Ernest), entrepositaire, à Bâlines, par Verneuil-sur-Avre.

STOREZ, architecte diplômé du Gouvernement, rue des Tanneurs, à Verneuil-sur-Avre.

TOUSSAINT-BLIGAIT, concessionnaire des droits de place, à Verneuil-sur-Avre.

TRIBOY, propriétaire, à Bâlines, par Verneuil-sur-Avre.

ARRONDISSEMENT DE LOUVIERS

Inspecteur : M. le comte DE BOURY.

Canton d'Amfréville-la-Campagne.

Inspecteur : M. LEROY.

MM.

BOURY (le comte Charles DE), conseiller général et député, au château d'Amfréville-la-Campagne.

LEROY (Charles), notaire, à Tourville-la-Campagne, par Amfréville-la-Campagne.

Canton de Gaillon.

MM.

BOURDON, propriétaire, à Gaillon.

COVILLE, conseiller d'arrondissement, maire de Sainte-Barbe-sur-Gaillon, par Gaillon.

MARIN (l'abbé), curé de Venables, par Gaillon.

MONNIER (Léon), sénateur, conseiller général, maire de Gaillon.

Canton de Louviers.

Inspecteur : M. ANDRÉ LAPORTE.

MM.

AMETTE (Eugène), propriétaire, à Heudebouville, par Louviers.

BRETON (Paul), manufacturier, à Louviers.

Mme BURY, à Louviers.

COLLIGNON (Maurice), publiciste, à Louviers.

DANAIS, fabricant de meubles, magistrat consulaire, à Louviers.

DECAUX (Georges), propriétaire, à Saint-Pierre-du-Vauvray.

LAMBERT (Eugène), propriétaire, à Louviers.

LANGLOIS (Léon), cultivateur, à Louviers.

LAPORTE (André), notaire, à Louviers.

VÉDY, manufacturier, magistrat consulaire, à Louviers.

Canton du Neubourg

M. TURQUET, agriculteur, au Neubourg.

Canton de Pont-de-l'Arche.

MM.

AVON (le général), à Ignoville, par Pont-de-l'Arche, et avenue du Trocadéro, 4, à Paris, VIIIᵉ.

HERVEY, conseiller général, sénateur, à Notre-Dame-du-Vaudreuil.

SÉMICHON, inspecteur général des finances, à Alizay, par Pont-de-l'Arche, et rue Cassette, 27, à Paris, VIᵉ.

ARRONDISSEMENT DE PONT-AUDEMER

Canton de Bourgtheroulde.

Inspecteur : M. EMMANUEL BOULET.

MM.

ARNOIS DE CAPTOT, maire, château de Bosc-Bénard-Commin, par Bourgtheroulde.

BEAUCOURT (le comte DE), ingénieur-agronome, château de Bosguérard, par Bourgtheroulde.

BOULET (Emmanuel), fondateur et président du Syndicat agricole du plateau du Roumois et du Club français du chien de berger, à Bosc-Roger-en-Roumois (Eure), et rue des Mathurins, 38, à Paris.

Foucard (Geroges), propriétaire, pépiniériste, agriculteur, vice-président du Syndicat agricole, à Bourgtheroulde.

Honoré (André), propriétaire-agriculteur, château du Thuit, à Berville-en-Roumois.

Lecerf (Paul), trésorier du Syndicat agricole, domaine du Roumois, à Bourgtheroulde.

Leroux, maire de Bourgtheroulde.

Pelletier (Daniel), château des Haies, à Bosc-Bénard-Commin, par Bourgtheroulde.

—

Canton de Pont-Audemer.

Inspecteur : M. GRÉGOIRE.

MM.

Gastine, notaire, à Pont-Audemer.

Grégoire (Maurice), avocat, à Pont-Audemer.

Luard, château de Mont-Dézert, à Tourville, par Pont-Audemer.

Osmont, docteur-médecin, à Pont-Audemer.

Turgis, tanneur, à Pont-Audemer.

—

Canton de Routot.

Inspecteur : M. LE REFFAIT.

MM.

Cossé-Brissac (Mme la comtesse Charles de), château de Brumare, par Routot, et rue Saint-Dominique, 119, à Paris, VIIe.

Le Reffait, propriétaire, à Rougemontiers, par Routot.

d

SEINE-INFÉRIEURE

Inspecteur divisionnaire :

M. GEORGES DE BEAUREPAIRE.

—

ARRONDISSEMENT DE DIEPPE

—

MM.

Canton de Bacqueville

Inspecteur : M. ALFRED GUÉRILLON.

BOURDON (Edgar), industriel, à Gueures, par Luneray.
GUÉRILLON (Alfred), à Brachy.
LE PRINCE, au château de Lamberville, par Bacqueville.
ROULAND, conseiller général, ancien député, à Bertreville-
Saint-Ouen, par Bacqueville.

—

Canton de Dieppe

Inspecteur : M. LE CORBEILLER.

M. LE CORBEILLER (Édouard), Grande-Rue, 40, à Dieppe.

—

Canton de Longueville

Inspecteur : M. LE VERDIER.

MM.

ESTAINTOT (le comte Raoul D'), au château de Montpinçon,
à Heugleville-sur-Scie, par Auffay.

Le Verdier, conseiller général, au château de Belmesnil, par Bacqueville, et rue de Crosne, 20, à Rouen.

—

Canton d'Offranville

M. Husson, docteur-médecin, à Offranville.

—

Canton de Tôtes

Inspecteur : M. NEPVEU.

MM.

Des Guerrots (Aymar), château des Guerrots, par Auffay.
Langrenay, cultivateur, à Tôtes.
Nepveu (Jules), ancien conseiller général, à Sainte-Geneviève, par Auffay.

ARRONDISSEMENT DU HAVRE

Inspecteur d'arrondissement : M. A. LE BORGNE.

—

Canton de Bolbec

MM.

Etchegoyen (le baron d'), conseiller général, château de Baclair, par Nointot.
Langer (Louis), conseiller d'arrondissement, à Bolleville, par Bolbec.

—

Canton de Fécamp.

Inspecteur : M. DUFOUR.

MM.

ANQUETIL (G.), négociant, rue Bouffait, 26, à Fécamp.

DELAUNAY (Ernest), conseiller général, à Fécamp.

DESPREZ (Henri), château de Maniquerville, par Tourville-les-Ifs.

DESSOLLE (Paul), rue Charles-Le-Borgne, 37, à Fécamp.

DUFOUR, docteur-médecin, rue de Mer, 76, à Fécamp.

DUGLÉ, conseiller général, maire de Fécamp.

GAYANT (René), secrétaire de la Société d'Agriculture, route de Rouen, à Fécamp.

HARIEL, menuisier, à Fécamp.

LE BORGNE (Augustin), négociant, rue Charles-Le-Borgne, 14, à Fécamp.

LE BORGNE (Charles), membre de la Chambre de commerce, rue Gustave-Lambert, à Fécamp.

LE GRAND (Eugène), sous-directeur de la Société « Bénédictine », à Fécamp.

LE GRAND (Marcel), directeur général de la Société « Bénédictine », à Fécamp.

LE GRAND (Pierre), directeur technique de la Société « Bénédictine, à Fécamp.

LEGROS (René), industriel, place de l'Hôtel-de-Ville, 11, à Fécamp.

LEROUX (André-Paul), artiste-peintre, rue Alexandre-Legros, 45, à Fécamp.

LHONORÉ, agréé honoraire, à Fécamp.

LEMÉTAIS (Ernest), membre de la Chambre de commerce, de Fécamp.

MAUPAS (Jules), droguiste, place Saint-Étienne, à Fécamp.

MERRIENNE (Ursin) et ses fils, armateurs, quai Guy-de-Maupassant, 98, à Fécamp.

Simon, à Yport, et rue de Courcelles, 92, à Paris, VIIIe.

Sorel (Jules), pharmacien de 1re classe, rue Alexandre-Legros, à Fécamp.

Vaucouleurs de Lanjamet (Mme la marquise de), château des Ifs, à Tourville-les-Ifs.

—

Cantons du Havre.

MM.

Biette, négociant en vins et spiritueux, rue Caroline, 15, au Havre.

Leroux (Paul), régisseur de biens, rue Pasteur, 13, au Havre.

ARRONDISSEMENT DE NEUFCHATEL

Inspecteur : M. THUREAU-DANGIN.

—

Canton de Forges-les-Eaux.

M. Philippart fils, à Haussez.

—

Canton de Gournay.

MM,

Dumesnil, agent-voyer principal, à Gournay-en-Bray.

Moinet, à Dampierre.

—

Canton de Londinières.

Inspecteur : M. CAHINGT.

MM.

Cahingt (Léon), clerc de notaire, à Londinières.

Simon (Jules), conseiller général, maire de Bures.

—

Canton de Neufchâtel-en-Bray

Inspecteur : M. DUBOC.

MM.

Duboc (Paul), avocat, à Neufchâtel.
Leblond (Paul), propriétaire, à la Grâce-de-Dieu, à Neufchâtel.
Niquet, avoué, maire de Neufchâtel.
Rasset, entrepositaire, à Neufchâtel.
Thureau-Dangin (Jean), conseiller général, à Bouelle, par Neufchâtel.

ARRONDISSEMENT DE ROUEN

—

Canton de Clères

M. Fauvel (Gabriel), cultivateur, à Monville.

—

Canton de Duclair

Inspecteur : M. DENISE.

MM.

Chatel, docteur-médecin, à Duclair.
Denise (Henri), conseiller général, à Duclair.
Lefebvre (Émile), agriculteur, à Saint-Pair, par Duclair.
Lefebvre (Raoul), agriculteur, à Saint-Pair, par Duclair.
Robert (Georges), à Saint-Martin-de-Boscherville.
Toquet, huissier, à Duclair.

—

Canton d'Elbeuf

Inspecteur : M. POTTIER.

MM.

AUSSELIN (Paul), rue de la Barrière, à Elbeuf.
BLANQUART (l'abbé), curé de La Saussaye, par Elbeuf.
FLAVIGNY (Charles), rue du Bourgtheroulde, 15, à Elbeuf.
LENOBLE (Émile), fabricant de draps, rue de Caudebec, à
    Elbeuf.
POTTIER (Joseph), villa des Brulins, à Saint-Aubin-Jouxte-
    Boulleng.

—

Canton de Pavilly.

Inspecteur : M. FOLLET.

MM.

BAGNEUX (le comte Adalbert DE), député, à Limésy.
FIQUET, pharmacien, à Pavilly.
FOLLET, huissier, à Pavilly.
SEYER, maire du Mesnil-Panneville, par Pavilly.

—

Cantons de Rouen

Inspecteur : M. CHARLES DE BEAUREPAIRE.

MM.

ALLARD (Pierre), rue Saint-Nicolas, 32, à Rouen.
BEAUREPAIRE (Charles DE), avocat, rue Roulland, 13, à
    Rouen.
BEAUREPAIRE (Georges DE), avocat, rue d'Écosse, 11, à
    Rouen.
BEAUREPAIRE (Joseph DE), rue Étoupée, 35, à Rouen.
CHIROL (Pierre), architecte, boulevard Cauchoise, à
    Rouen.

DELALONDE (Émile), rue du Contrat-Social, 41, à Rouen.

DROUET (Georges), rue de Lemery, 18, à Rouen, et à Caudebec-en-Caux.

FLAVIGNY (Louis), architecte, boulevard Beauvoisine, 65, à Rouen.

GASCARD, pharmacien-chimiste, directeur du musée Saint-Louis, à Bihorel-lez-Rouen, par Rouen.

LE BRETON, directeur du musée céramique, rue Thiers, 25 *bis*, à Rouen.

LE TAILLANDIER (Alfred), rue Guy-de-Maupassant, à Rouen, et au Matré, Barentin.

PETIT, avoué honoraire, 12, rue de la Seille, à Rouen.

PORTAL (Georges), rue de Crosne, 22, à Rouen.

PREVOST (Gustave), ancien magistrat, rue Chasse-Lièvre, à Rouen.

TOUGARD (l'abbé), chanoine honoraire, à Bonsecours, par Le Mesnil-Esnard.

ARRONDISSEMENT D'YVETOT

Inspecteur : M. N.

—

Canton de Fauville

MM.

BERTEL (Léon), agriculteur, à Bermonville, par Fauville.

DUHAZÉ (P.), à Ricarville, par Fauville.

MONVILLE (Gaston), agriculteur, à Hautot-le-Vatois, par Yvetot.

—

Canton de Valmont.

MM.

ALLARD (Paul), au château de Senneville-sur-Fécamp, par
   Fécamp.

FERRY, à Valmont.

LACHÈVRE, propriétaire, au château de Briquedalle, par
   Sassetot-le-Mauconduit.

—

Canton d'Yvetot.

MM.

ALLARD (Jean), au château du Verbosc, à Touffréville-la-
   Corbeline, par Yvetot.

DODELIN (Gustave), à Auzebosc, par Yvetot.

LA FAULOTTTE (Jacques DE), au château du Bois-Himont,
   par Allouville-Bellefosse, et à Paris, 5, rue Hemelin,
   XVIᵉ.

LEFÈVRE (L.-P.), instituteur en retraite, rue Colonel-Tru-
   pel, à Yvetot.

NION (Paul), à Yvetot.

QUIRIÉ, à Valliquerville, par Allouville-Bellefosse.

SELLE (Gaëtan), à Auzebosc, par Yvetot.

THUILLIER (Pierre), à Écretteville-les-Baons, par Allou-
   ville-Belfosse.

—

Canton d'Ourville

Mme JACQUELINE, propriétaire, à Beuzeville-la-Guérard, par Ourville.

M. LANGE (Gustave), agriculteur, à Beuzeville-la-Guérard, par Ourville.

Mme LANGE (Gustave), agriculteur, à Beuzeville-la-Guérard, par Ourville.

—

Canton d'Yerville

LECŒUR (Constant), à Grémonville, par Motteville.

MANOURY (Gaston), agriculteur, à Flamanville, par Motteville.

—

Canton de Caudebec-en-Caux

Inspecteur : M. ALBERT GIRARDIN.

MM.

CAUCHOIS, négociant, maire, à Caudebec-en-Caux.

CREVEL (Ferdinand), à Vatteville, par Caudebec-en-Caux.

GIRARDIN (Albert), receveur des Domaines, à Caudebec-en-Caux.

JAMES (Louis), notaire, président de l'Association des Amis du Vieux-Caudebec.

LEFÈVRE-VACQUERIE (Pierre), à Villequier, et à Paris, 63, avenue Kléber.

LEROUX (Casimir), entrepositaire, conseiller d'arrondissement, à Caudebec-en-Caux.

Mme MALFILATRE (Léon), château de la Guerche, par Villequier.

MANCEL, propriétaire, à Caudebec-en-Caux.

SAINT-VULFRAN Raoul DE), château de Bebec, à Villequier.

Servain, industriel, à Caudebec-en-Caux.
Thillard (l'abbé), curé de Villequier.
Valmont (Pierre), avocat à la Cour d'appel de Rouen, professeur à l'École supérieure de droit, 6, rue Stanislas-Girardin, et à Caudebec-en-Caux.
Vinay (André), entrepositaire, à Caudebec-en-Caux.

MEMBRES CORRESPONDANTS

—

VILLE DE PARIS

MM.

COMMINES (le comte Arthur DE), avenue Kléber, 80, XVIe.

GERMINY (le comte DE), rue de Londres, 50, VIIIe.

GOULÉ (Paul), boulevard Péreire, 90, XVIIe.

HIRSCH (Mme veuve Joseph), rue Castiglione, 1, 1er.

JORRÉ, avocat, rue de Bourgogne, 28, VIIe.

LANGLOIS (Ludovic), notaire honoraire, rue Dupont-des Loges, 8, VIIe.

LEFÈVRE-PONTALIS (Eugène), rue de Phalsbourg, 13, XVIIe.

LEMUET (Léon), boulevard des Capucines, 9, XVIe, et La Vendelée, par Coutances (Manche).

MÉTAYER (Maurice), professeur de métallurgie à l'École centrale, ingénieur en chef à la Société de Denain-Anzin, rue Lafayette, 13, IXe.

MICHEL (Edmond), inspecteur principal du Crédit foncier de France, sous-chef de bureau à la Division des prêts hypothécaires, rue Boursault, 42.

MARCÈRE (Édouard DE), ancien préfet, ancien trésorier général des finances, receveur des finances, 7, rue de Sébillot.

BAUCHON (Gabriel), rue de Lisbonne, 18.

DÉPARTEMENTS ET ÉTRANGER

MM.

BAILHACHE (Marcel), négociant, place du Pont, 6, à Pontoise (Seine-et-Oise).

CARTIER-BRESSON (Jacques), à Nancy (Meurthe-et-Moselle).

Mᵐᵉ EBELING, château de Philmin, à Boissy-le-Sec (Eure-et-Loir).

FRAPOLLI (Joseph), propriétaire, au Vézinet (Seine), et à Quinéville (Manche).

HUBERT (G.), interne des asiles de la Seine, ancien interne des Hôpitaux de Paris (asile de la Maison-Blanche), Neuilly-sur-Seine (Seine-et-Oise).

LAMBERTIE (Raymond), négociant, rue Ausone, 25, à Bordeaux.

LAVOIX (Félix), conseiller à la Cour d'appel, rue de l'Abbaye-des-Prés, 9, à Douai (Nord).

PONTGIBAUD (le comte DE), à Pontgibaud (Puy-de-Dôme).

THÉRON (Joseph), rue Bardos, 16, à Bordeaux.

TRIGER (Robert), conseiller d'arrondissement, au Mans (Sarthe),

COMPTE

DES

RECETTES ET DES DÉPENSES

DE L'ANNÉE 1914

Présenté au Conseil d'administration de l'Association.

CHAPITRE PREMIER

RECETTES

En caisse au 31 décembre 1913.	158 fr.	»
Cotisations.	2.573	80
Subvention du Gouvernement	2.200	»
Id. du département de l'Orne. . .	500	»
Diverses	33	20
Total des recettes	5.465 fr.	»

CHAPITRE II

DÉPENSES

Frais de bureau de la Direction	60 fr.	»
Id. du trésorier	500	»
Traitement du concierge de la salle des séances	50	»
Cotisation à la Société des Agriculteurs de France et abonnement à la *Gazette des Campagnes*.	27	25
A reporter. . .	637 fr. 25	

Report. . .	637 fr.	25
Ports d'*Annuaires*, de programmes, d'affiches, de lettres, et frais de recouvrement des cotisations.	213	50
Impression de l'*Annuaire* et diverses. . .	1.708	95
Primes en espèces	1.465	»
Coupe d'argent	170	»
Médailles	438	30
Indemnité à M. le Directeur pour l'organisation du Congrès	300	»
Frais divers du Congrès.	450	»
Total des dépenses. . .	5.383 fr.	»

BALANCE

Recettes.	5.465 fr.	»
Dépenses	5.383	»
En caisse au 31 décembre 1914	82 fr.	»

Certifié conforme aux écritures :

Caen, le 31 décembre 1914.

Le Trésorier,
Émile MONLIEN.

82ᵉ CONGRÈS

DE L'ASSOCIATION NORMANDE

POUR LES PROGRÈS DE L'AGRICULTURE

DE L'INDUSTRIE, DES SCIENCES ET DES ARTS

SESSION DE 1914

TENUE A

DOMFRONT (Orne)

Du 3 au 7 Juin

1ʳᵉ JOURNÉE, MERCREDI 3 JUIN

Le Congrès de l'Association Normande s'est ouvert le 3 juin à Domfront.

A 4 heures ½, sur le seuil de l'Hôtel de Ville, M. Gallot, maire de Domfront, salue les Congressistes et les introduit dans la grande salle de la Mairie, tandis que la Musique municipale joue *La Marseillaise*.

En termes chaleureux et pleins de verve, M. Gallot souhaite la bienvenue aux hôtes érudits de Domfront, et levant son verre à l'Association Normande, il leur dit combien il est heureux que l'Association ait choisi la ville qu'il administre comme siège du Congrès.

M. de Longuemare, directeur de l'Association Normande, lui répond en ces termes :

« Monsieur le Maire,

« Au nom de mes collègues, en mon nom personnel, je vous remercie des paroles de bienvenue que vous venez de prononcer. A l'Association Normande, nous avions bien entendu parler de la lointaine légende qui rend quelque peu terrifiante l'arrivée dans la ville de Domfront ; mais ce que nous savions aussi avec certitude, c'est que, dans nos temps plus modernes, elle est renommée par son bon accueil, par son hospitalité. Ce que vous venez de dire en est une preuve ; j'ajoute que le dévouement avec lequel vous avez bien voulu vous occuper du Congrès nous l'avait appris par avance.

« Je vous remercie cordialement, Monsieur le Maire; j'exprime ma gratitude aux membres du Conseil municipal, et répondant à votre toast cordial, je lève mon verre en votre honneur, je le lève en mon nom personnel, au nom de nos collègues présents et au nom de ceux, plus nombreux encore, qui arriveront seulement par le train du soir et qui regretteront certainement le retard que leur imposent les horaires des chemins de fer. A votre santé, Messieurs, à la santé de M. le Maire et à celle de notre vénérable doyen, M. Salles. »

Après une visite à la salle des délibérations, récemment aménagée, les Congressistes se rendirent au square pour visiter les ruines du donjon et des fortifications.

A 8 heures $\frac{1}{2}$, dans la salle du Théâtre, où se pressait une nombreuse et élégante assistance, après un morceau brillamment exécuté par la musique municipale, M. de Longuemare, directeur de l'Association Normande, a déclaré ouverte la 82e session du Congrès provincial normand et prié M. Gallot, maire de Domfront, de prendre la présidence de la séance.

Avaient pris place sur l'estrade : M. Salles, conseiller général de l'Orne, inspecteur de l'Association, M. Belin, premier adjoint, MM. Leblanc, Renard, membres du

Conseil municipal de Domfront, Anquetil, Charles et Joseph de Beaurepaire, Gouget, inspecteurs de l'Association, Surville, bibliothécaire de la ville de Flers, Cautru et Besnier-Ménès, secrétaires, Monlien, trésorier de l'Association.

M. Louis Gallot, maire de Domfront, a souhaité la bienvenue aux Congressistes dans le joli discours que voici, digne d'un compatriote de Le Vavasseur :

Mesdames,
Messieurs,

C'est, pour le maire de cette vieille cité, un grand honneur d'y recevoir les hommes distingués dans les domaines divers des sciences, des arts et de l'agriculture qui ont bien voulu la choisir comme siège du 82ᵉ congrès provincial de l'Association Normande.

Et, mes chers Collègues, c'est pour moi — que vous avez admis, il y a quelque seize ans dans votre compagnie, — un devoir agréable de vous offrir, au nom de mes administrés et au mien, nos très cordiaux souhaits de bienvenue.

Vous trouverez, au milieu de nous, l'accueil sympathique que vous méritez, vous qui, bannissant toutes préoccupations politiques, n'avez d'autre souci que de récompenser l'initiative intelligente et le labeur opiniâtre, d'autre but que de faire connaître et aimer davantage notre chère province et son glorieux passé, que de travailler à son progrès économique.

Ah ! la politique ! N'attendez pas de moi que j'en médise. C'est une nécessité impérieuse ; selon l'expression d'un ancien parlementaire normand, « c'est notre argent, c'est notre honneur, c'est notre sang ». Mais qu'il paraît bon, après le choc des idées, après les âpres campagnes qui divisent, de se retrouver, entre adversaires d'hier, en face de questions qui nous rapprochent parce qu'elles touchent à la vie même de la petite Patrie que tous nous aimons, dont tous nous sommes fiers d'être les fils.

Donc, honneur à vous qui êtes venus organiser ici vos pacifiques assises et qui ne laissez jamais derrière vous, en souvenir de votre passage « que de l'or, des fleurs et des épis ».

La ville de Domfront n'a pas pour la première fois cette année arrêté l'attention et le choix de l'Association Normande. Cette association y tint, en 1852, ses séances qui s'ouvrirent le 18 juin, sous la présidence d'un de mes éminents prédécesseurs, M. Christophe, père de notre regretté concitoyen qui représenta pendant trente années l'arrondissement à la Chambre des Députés et occupa dans l'Etat des postes élevés.

J'ai lu avec un vif intérêt, en l'annuaire de 1853, les rapports très documentés qui furent produits par diverses personnalités de l'époque. Au point de vue agricole, la grande attraction était alors la ferme-école du Sault-Gauthier, qu'un décret ministériel du 30 septembre 1850 avait autorisée. Cet événement devait, d'après M. le comte de Vigneral, marquer « le commencement de la grande œuvre de l'enseignement du travail des champs. » L'on croyait sincèrement que les fils et les filles des cultivateurs seraient, par un tel enseignement, attachés pour toujours à la terre natale.

Parmi les cultures usitées dans la région, celle du chanvre était signalée comme tenant un rang important. Nos aïeules filaient et tissaient non seulement pour subvenir aux besoins familiaux mais pour la vente, et la halle de Domfront offrait, chaque année, aux amateurs, environ 4.500 pièces de toile.

On se préoccupa aussi, en 1852, des œuvres philanthropiques locales. M. Leroy-Desacres, chirurgien de l'Hospice, avait préparé un curieux rapport sur les origines et l'histoire de cet établissement charitable fondé au XIe siècle par les habitants avec l'approbation de Henri II, roi d'Angleterre et duc de Normandie.

L'Hôtel Dieu, comme on disait autrefois, devint, au cours des siècles, de plus en plus prospère et, en 1852, son revenu atteignait 24.200 livres.

Au point de vue artistique, les Congressistes, nos aînés, émirent un vœu formulé par M. de Caumont, directeur-fondateur de l'Association, pour le dégagement du vieux donjon et « la création d'une promenade au pied de cet édifice ».

Aux constatations et aux vœux de nos devanciers il importe de comparer les réalités d'aujourd'hui.

Les fils et les filles de nos paysans ont continué leur exode vers les villes ; l'arrondissement de Domfront qui possédait, en 1852, 138.505 habitants, n'en comptait plus, au dernier recensement que 99.993.

Nos fermières ne tissent plus la toile solide qu'on se transmettait, sans l'user, de génération en génération, et l'on a perdu ici jusqu'au souvenir de la halle aux toiles qui existait jadis dans nos murs !

Bien réduite d'ailleurs notre halle aux grains. Réduites nos foires qui furent célèbres dans la France entière et même à l'étranger ; victimes elles sont des facilités de communication qui permettent maintenant aux acheteurs de se transporter de ferme en ferme et de se faire livrer, sur les quais des gares, les animaux acquis dans les hameaux voisins. Tout cela au grand dam du budget des recettes municipales.

M. Christophe, en 1852, gémissait sur l'état des finances: son successeur médiat a dû, récemment, demander aux contribuables un gros sacrifice pour rétablir l'équilibre budgétaire.

Par contre, les espérances qu'avait provoquées l'institution de l'enseignement agricole n'ont point été déçues. Les maîtres ont vaincu la routine ; les ajoncs et les bruyères du Sault-Gauthier et de maint autre lieu ont fait place à de bons pâturages, à des champs qui chaque année se chargent d'abondantes récoltes ; nos cultivateurs pratiquent les méthodes rationnelles dont on leur a démontré les avantages, ils emploient un outillage perfectionné, ils recherchent, pour la reproduction et l'élevage, des animaux des meilleures races. Bref le progrès agricole est évident et remarqué dans nos comices.

Quant à l'Hôtel-Dieu du XIe siècle, il est devenu, grâce à de sages administrateurs, à de généreux bienfaiteurs et à de larges subventions gouvernementales, le grand établissement hospitalier que vous avez aperçu au pied de notre rocher, près de la magnifique église romane de Notre-Dame-sur-l'Eau édifiée vers l'an mille par Guillaume de Talvas. Son budget de l'exercice écoulé, qui a pourtant atteint 58.000 fr. de dépenses, a laissé un excédent de recettes de plus de 20.000 francs, et c'est une grande satisfaction pour mes dévoués collègues de la commission administrative et pour moi, de penser aux améliorations que ces ressources vont nous permettre d'accomplir pour le soulagement des vieillards et des malades.

Enfin, le vœu de M. de Caumont a été exaucé. Le vieux donjon, poétiquement célébré par notre compatriote, Madame Schalck de la Faverie, a été classé comme monument historique et restauré avec tout le respect qui lui était dû. Autour de lui, des fouilles savamment pratiquées ont remis à jour des casemates, des tours, des courtines et l'on peut se faire une idée de ce qu'était l'antique citadelle qui supporta tant et de si rudes assauts. Au milieu de ces vénérables ruines s'étend un square verdoyant qui constitue la promenade favorite des Domfrontais.

De la terrasse abrupte nommée « la tour à Presle » l'œil embrasse un immense horizon qui a inspiré à un écrivain, M. l'abbé Postel, chanoine et docteur en théologie, les lignes que voici :

« Que dire de la vue dont on jouit de ces hauteurs..... jamais je n'ai rencontré plus incomparable panorama. C'est d'une richesse, d'une étendue, d'un luxe de végétation, d'une teinte grandiose et sévère qui frappent de stupeur..... J'ai vu Naples et son fameux golfe, Messines et sa rade, Gênes et ses collines parfumées, les Pyrénées et leurs sites enchanteurs, les Alpes, la Suisse, les plaines renommées de l'Andalousie, Cordoue et la Castille, le Saint-Gothard et Milan, l'Auvergne et ses riches montagnes: les perspectives étaient ou plus chaudes, ou plus riantes, ou plus gigantesques : aucune ne m'a séduit, entièrement séduit comme celle de Domfront ».

Mes concitoyens sont — à juste titre, vous le voyez — fiers de leurs vieilles murailles qui rappellent la vaillante histoire de la cité et sa lointaine origine, que d'aucuns font remonter jusqu'à l'an 540.

De quelles péripéties politiques et guerrières la capitale du Passais, « Domfront, petite ville et grand renom », ne fut-elle pas le théâtre, enviée, à cause de sa forte position, par les aventuriers, par les princes et par les rois, passant tour à tour, soit par héritage, soit par droit de conquête, aux maîtres les plus divers : Guillaume de Talvas, Guillaume le Bâtard, Henri Ier et Henri II, rois d'Angleterre. C'est à Domfront que ce dernier reçut deux légats envoyés par le pape pour le réconcilier avec Thomas Becket, archevêque de Cantorbery ; et il existe à ce sujet une amusante anecdote :

Lorsque les légats arrivèrent, le roi et son fils chassaient en forêt ; prévenu, Henri les reçut dans une auberge. Mais voilà qu'au cours de l'entretien, que le royal auditeur devait écouter d'une oreille plutôt distraite, on perçoit tout à coup une joyeuse fanfare, l'hallali du cerf ; sans plus de cérémonie, Henri plante là les légats et se précipite au-devant des cavaliers. Après avoir assisté à la curée et distribué le gibier aux veneurs et aux chiens, il revint à ses visiteurs. L'histoire ne dit pas comment ceux-ci trouvèrent l'attitude du monarque ni quel fut le résultat de leur mission.

Je ne jurerais point qu'il n'existe plus en notre bonne ville, où chasse et vénerie sont toujours fort en honneur, certains personnages — ni royaux, ni princiers — qui ne soient, eux-même, capables, le cas échéant, de sacrifier à Diane quelque sérieuse besogne !

Après Henri II, Domfront appartint à Jean Sans Terre qui, vers 1200, l'érigea en municipalité, puis à Philippe de Valois et, pour ne nommer que ses principaux seigneurs, à Charles VII, à Louis XI, à Catherine de Médicis, à Henri III et enfin à Henri IV, qui termina son histoire guerrière en faisant démanteler le donjon. Le démantèlement eut lieu en exécution d'une ordonnance de Sully dont le texte original a été légué à la ville de La Ferté-Macé par M. le comte de Contades.

Les Guerres de Religion marquèrent pour Domfront une période particulièrement agitée. Deux fois, en 1568 et 1574, la citadelle fut prise par des chefs huguenots dont le dernier, Ambroise le Héricé, dit le Balafré donna l'hospitalité à Montgommery, chassé de Saint-Lo et poursuivi par le maréchal de Matignon. Le maréchal mit le siège devant nos remparts et, après une héroïque résistance, Montgommery, blessé grièvement et entouré d'une poignée d'hommes, manquant de vivres et de munitions, se rendit à Matignon qui lui promettait « ses bonnes intercessions » auprès de Catherine de Médicis, ce qui ne l'empêcha pas d'être, le 26 juin 1574, décapité en place de Grève.

A l'occasion de ce siège mémorable, prit naissance le dicton universellement connu :

> *Ville de Domfront, ville de malheur*
> *Arrivé à midi, pendu à une heure !*

Montgommery assiégé avait trouvé un auxiliaire précieux en la personne d'un nommé Jean Barbotte, meunier du monastère de Lonlay-l'Abbaye, qui détestait son prieur et tous les moines de la création. Il lui avait promis, s'il restait maître de Domfront, son moulin en toute propriété. La prime était tentante, aussi Jean Barbotte fit-il de son mieux pour la gagner, tenant les assiégés au courant des manœuvres des assiégeants, occupant ceux-ci par les incendies qu'il allumait la nuit aux maisons et aux monastères, causant dans tout le voisinage, à la tête d'une bande de pillards, une véritable panique.

Lors de la reddition de la place, le meunier échappa, par la fuite, au châtiment qui l'attendait, car le maréchal de Matignon l'avait condamné à mort en même temps que les Huguenots trouvés vivants dans le château.

Or, il advint que l'année suivante, à la veille de Noël, notre homme eut la nostalgie de sa bonne ville de Domfront. Cédant à l'attrait de la grande foire qui s'y tenait à cette date, il ne put résister au désir de s'y rendre. Croyant ses méfaits oubliés, il rôdait par les rues en badaud qui a la conscience tranquille, admirant les victuailles exposées à l'étal des rôtisseurs, savourant des yeux les boudins ruisselants d'une graisse fumante et les oies dorées par la flamme claire, bourrées de marrons succulents. L'appétit aiguisé par le froid, par la marche, par la vue et la bonne odeur des viandes, il cherchait quelque compère avec lequel il irait s'attabler à l'hôtellerie du Cœur Royal, la meilleure de la ville.

Tout à coup, le hasard des rencontres le mit, au milieu de la foule qui se pressait sur la place Saint-Julien, nez à nez avec le prieur de Lonlay qu'accompagnait Ledin, gouverneur de Domfront. Le prieur reconnut immédiatement son ancien meunier. « Par ma foi, s'écria-t-il, voici Jean Barbotte, condamné au gibet par le prévôt de Matignon ! »

« Qu'il y aille donc, le fol étourdi, répartit Ledin, puisqu'il vient le chercher de si bon appétit ! »

La scène se passait à midi ; à une heure précise, Jean Barbotte, entouré de toute la garnison, était conduit au supplice et, si l'on en croit la chronique, le malheureux prononça en chemin ces paroles restées célèbres :

Ville de Domfront, ville de malheur :
Arrivé à midi, pendu à une heure !

Le peuple gouailleur ajouta :

Seulement pas le temps de dîner.

et un poète Fertois, M. Wilfrid Challemel, narrant en de jolis vers cette véridique histoire, d'ajouter à son tour, non sans ironie à l'égard des Briouzains dont le goût pour le café est légendaire en Normandie :

...O potence jalouse
Que n'attendais-tu donc qu'il ait pris son café ?
Il sera plaint par les gens de Briouze !

Mesdames,
Messieurs,

Domfront, qui fut, depuis des siècles, le siège d'une cour de justice, est encore, aujourd'hui, le siège d'un tribunal. La justice moderne, si elle offre en compensation certaines garanties incontestables, n'est plus aussi expéditive qu'au temps du gouverneur Ledin. Vous ne manquerez pas de penser — malicieusement — que cela doit tenir à la prolixité des avocats.

Je m'excuse de la mienne, vous remercie de l'aimable attention avec laquelle vous avez bien voulu m'écouter et je laisse la parole à M. de Longuemare, directeur de l'Association normande, qui vous exposera le caractère et le rôle de cette Association, qu'il dirige avec une autorité et une distinction auxquelles tout le monde rend hommage.

M. de Longuemare prend ensuite la parole.

Mesdames, Messieurs, vos chaleureux applaudissements montrent l'intérêt que vous avez pris au tableau de l'histoire de Domfront que M. le Maire vient d'esquisser si brillamment. Permettez-moi de lui dire combien les membres de l'Association Normande sont touchés des paroles si aimables qu'il a eues pour leur vieille société.

Vieille en effet, puisqu'il y a déjà 62 ans que l'Association Normande n'est venue tenir ici son congrès. Cette session de 1852 était présidée par M. de Caumont. A ses côtés, avaient pris place M. Christophe maire de Domfront ; M. de la Tournerie, M. de Glanville, M. de Vigneral. Ces deux derniers, après avoir dirigé eux-mêmes avec dévouement et éclat l'Association Normande, ont été enlevés à notre respect et à notre reconnaissance comme tous ceux dont je viens de rappeler les noms.

Disparu aussi Gustave Le Vavasseur, le poète délicat et charmant, le collègue aimable et dévoué, qui ne manquait jamais d'assister à nos congrès, où il ne voulut accepter que les fonctions modestes de secrétaire.

La mort a frappé lourdement dans nos rangs, dans ce département de l'Orne si fertile en hommes éminents.

Rappellerai-je les noms de Blanchetière, l'érudit historien des pierres tombales ; de Louis Chamblay, de Jules Appert, habitué de nos assises, du Comte de Contades, modèle du gentilhomme, à l'exquise affabilité et de l'historien sûrement documenté.

L'année même qui vient de s'écouler nous a apporté son cruel contingent de deuils : notre inspecteur général Angérard, l'organisateur actif et toujours si discret de nos congrès ; Emile Travers, érudit de premier ordre qui personnifiait à Caen nos sociétés académiques et s'est montré, pour les jeunes, un guide si accueillant ; Lange, l'un des plus fidèles et aimables habitués de nos réunions.

Il y a quelques semaines, un nouveau deuil s'ajoutait à ceux-là, la mort implacable frappait, en pleine vigueur, un homme aimé et estimé de tous, j'ai nommé Adigard. Son nom, Messieurs, je ne puis le prononcer sans émotion, et cette émotion a été partagée par tout le département de l'Orne. Comme vous l'avez dit éloquemment, M. le Maire, la politique est soigneusement bannie de l'Association Normande... Nos confrères professent d'ailleurs les opinions les plus diverses... Si je dois ignorer ici le rôle politique qu'a joué Adigard, ce que je puis bien dire c'est que la fermeté et la loyauté de ses convictions inspiraient le respect et l'estime de ses adversaires eux-mêmes. Depuis longtemps Adigard était des nôtres, il nous avait montré son dévouement en maintes circonstances. A Flers d'abord, lors du congrès si bien organisé par notre dévoué inspecteur et ami, M. Salles ; tous se rappellent encore la belle conférence qu'il fit sur l'industrie du fer au moyen âge et de nos jours et en quels termes il nous en prédit le rapide et magnifique essor. Nous l'avions retrouvé, il y a deux ans, à Mortagne, où il traita cette angoissante question de l'exode rural que vous indiquiez tout à l'heure, M. le Maire. Avec sa franchise habituelle, il n'hésita pas à faire connaître les chiffres qui prouveraient que, responsable de tant de maux, l'alcoolisme n'est pas cependant le principal facteur de la dépopulation ni le propagateur de la tuberculose.

Il se faisait une fête de notre présence en cette ville qu'il aimait tant, comme nous-même nous comptions qu'il serait l'âme de ce congrès ; Dieu ne l'a pas voulu !

Permettez-moi d'adresser à sa mémoire un salut spécial de reconnaissance et de regrets.

Mais alors même que la mort foudroie les meilleurs

d'entre nous, d'autres dévouements surgissent sincères, irrésistibles. Comment pourrai-je vous remercier assez, M. le Maire et cher Collègue, de tout ce que vous avez fait pour la réussite de ce congrès; et vous aussi, M. Salles, notre cher et vénéré doyen, qui nous apportez le réconfortant exemple de votre activité si généreuse et toujours jeune.

Grâce à vous, Messieurs, notre Association continue sa tâche dont M. le Maire me demandait de vous rappeler le caractère spécial.

Je le ferai brièvement.

Lorsque notre fondateur, Arcisse de Caumont, institua, en 1852, ces assises provinciales, sans doute espérait-il que leur roulement entre les cinq départements de l'ancienne province entretiendrait une féconde émulation, mais surtout elles avaient dans sa pensée le but de réunir l'objet des deux grandes passions de sa vie : la conservation des témoins artistiques de notre glorieux passé et la préparation des progrès nécessaires de l'avenir. A chacune de ces idées essentielles correspondaient ses deux fondations : la Société française d'Archéologie, chargée de sauver les monuments compromis dans nos discordes civiles et menacés par l'incompréhension du goût bourgeois ; et d'autre part, le Congrès scientifique des Provinces, qui devait vulgariser les découvertes de la science. Les diverses fondations n'ont pas connu les mêmes destinées, mais notre Association provinciale persévère dans sa carrière et justifie son utilité.

Sans doute, nous ne pouvons plus prétendre à cette universalité de connaissances qui permettait à Caumont de passer de l'histoire à la géologie, de l'agriculture à la sociologie, du moins, en rapprochant ceux qui apportent un égal désintéressement à des études aussi variées, avons-nous conscience de poursuivre une bonne œuvre de solidarité provinciale.

Nous pouvons, en effet, nous partager la tâche, heureux lorsque le sort nous permet de mettre à notre tête des hommes qui résument, par leurs qualités multiples, nos divers genres d'activité. Tels furent, par exemple, Glanville et le regretté Eugène de Beaurepaire, dont je suis heureux de saluer ici les neveux, et aussi votre compatriote, le comte de Vigneral, mon prédécesseur.

Mesdames et Messieurs, votre présence en si grand nombre ce soir est pour nous un précieux encouragement. Je vous demanderai de vouloir bien nous le continuer aux séances qui vont suivre.

Sur l'invitation de M. de Longuemare, M. Gouget, conseiller d'arrondissement, poète savoureux et digne continuateur de Gustave Le Vavasseur, donne lecture du joli sonnet ci-après :

SONNET

Messieurs, en abordant votre cité notoire
Et le donjon fameux, jadis si redouté,
Nous étions soucieux. Pourquoi ? c'est que l'histoire
Du célèbre pendu, quelque peu, nous hantait.

Hélas ! est-il donc vrai qu'à l'heure dînatoire,
Sans respect pour sa faim, il fut exécuté ?
C'est fort peu vraisemblable et j'ai peine à le croire,
Ou bien s'il fut pendu, c'est qu'il le méritait.

La cruauté n'est point dans votre caractère ;
Bien plus, vous recevez de si noble manière
Que nous sommes confus d'un tel excès d'honneur.

A peine formons-nous un souhait... qu'on l'accorde ;
Veuillez donc nous donner comme à l'autre une corde,
Mais un bout seulement, pour nous porter bonheur.

4 juin 1914.   G. GOUGET.

Il consent également à dire, avec une verve qui sou-
lève les rires et les applaudissements de la salle, sa dé-
licieuse fantaisie en patois bas-normand le *Luminaire*.

La parole est donnée à M. Surville, l'érudit conservateur de la bibliothèque et des archives de la ville de
Flers, pour une étude sur les nombreux sièges qu'a eu
à subir le château de Domfront. Voici cette étude :

Les Sièges de Domfront

Chacun sait que Domfront, place très forte au
moyen âge, fut le théâtre de nombreux sièges ; mais
personne n'est fixé sur le nombre, la date, les circonstances et l'importance de ces sièges, dont plusieurs
furent d'assez longue durée et conduits selon les règles
alors en usage. C'est une étude d'ensemble sur ce sujet
particulièrement intéressant que nous présentons au
public. Pour la rédiger, il nous a fallu compulser de
nombreux documents, depuis les vieilles Chroniques de
Normandie jusqu'aux travaux les plus récents. Nous
préciserons, à l'occasion, nos références.

D'après l'historien Odolant-Desnos, Richard Ier, troisième duc de Normandie, donna, en 943, à Yves de
Creil, comte de Bellême et d'Alençon, une partie du
Passais, à charge de veiller à la défense de la Normandie, de ce côté, contre les incursions fréquentes des

Angevins, des Manceaux et même des Bretons. Pour faciliter la tâche qui lui incombait, le fils du donataire, Guillaume de Bellême, surnommé Talvas à cause, dit-on, de son bouclier, d'autres disent de sa cruauté, fit bâtir, vers l'an 1011, sur l'extrémité occidentale du rocher Domfrontais, surplombant de plus de 70 mètres la rivière de la Varenne, un château de forme carrée, avec des murs de près de quatre mètres d'épaisseur à la base, défendu par quatre grosses tours et isolé par un large et profond fossé creusé dans le roc. Des galeries souterraines établissaient des communications secrètes avec le fond de la vallée. La principale issue était au midi ; deux portes en fer et une herse en fermaient l'entrée.

Le fondateur promit des franchises aux vassaux qui viendraient se mettre sous sa protection, et leur concéda certains privilèges dans les forêts d'Andaine et de Passais. Pour les garantir contre les attaques des peuples voisins, il fit entourer, vers l'an 1014, leurs habitations de grosses murailles flanquées, de distance en distance, par des tours plus élevées couronnées de parapets, destinées tant au logement des troupes de la garnison qu'à la garde des prisonniers de guerre. Les seigneurs du voisinage étaient tenus de participer à la défense de la nouvelle forteresse : celui de la Nocherie, en Saint-Bômer, durant quarante jours à la porte dite de la Poterne ; celui de Larchamp, soixante jours à la porte de Normandie ; celui de La Ferrière, trente-deux jours au château, et ainsi pour nombre d'autres.

Guillaume de Bellême faisait ordinairement sa résidence au château; il y mourut vers l'an 1034, et fut enterré dans l'église Notre-Dame-sur-l'Eau qu'il avait fait bâtir, et où l'on voit encore son tombeau. A la prière de son frère Avesgaud, évêque du Mans, il avait fait aussi édifier le moutier de Lonlay.

Il laissait, de son mariage avec Mathilde, cinq fils, savoir : Foulques, Guarin ou Warin, Robert, Guillaume et Yves.

Foulques fut tué dans une rencontre avec les troupes de Robert, duc de Normandie. Guarin reçut de son père, dès 1030, par avancement de succession, le domaine de Domfront, à l'occasion de son mariage avec Mélicinde, vicomtesse de Châteaudun ; il mourut peu après, *étouffé par les démons*, dit Ordéric Vital ; il laissait un fils en bas âge, Geoffroy, comte de Mortagne, auquel revenait Domfront. Mais Robert, son oncle, profitant de sa jeunesse, le dépouilla de ses biens ; toutefois cet abus de la force ne lui profita pas longtemps : pris dans un combat près de Ballon, il fut, dit Pitard, *assommé comme une bête*, dans la prison où il avait été enfermé.

Guillaume Talvas, son frère, deuxième du nom, recueille sa succession. On ne cite que des crimes de ce forcené, qui fit étrangler, en pleine rue d'Alençon, son épouse Hildeburge, *pieuse et sainte femme*, nous dit Pitard. Comme il ne laissait à sa mort qu'une fille, *Mabile*, dont il sera question plus loin, son dernier frère, Yves de Bellême, évêque de Sées, lui succède en qualité de seigneur d'Alençon et de Domfront, sous la suzeraineté de Guillaume le Bâtard, alors duc de Normandie.

PREMIER SIÉGE (1048)
Prise de Domfront par Geoffroy Martel, comte d'Anjou

Geoffroy II, comte d'Anjou de 1041 à 1060, fut surnommé *Martel*, à cause de sa bravoure et de son humeur belliqueuse. Il tenait sous ses lois l'Anjou, la Touraine, Poitiers, Bourges et plusieurs autres cités.

Glorieux d'avoir remporté plusieurs victoires, mais furieux de ce que le duc Guillaume avait pris les armes contre lui en faveur du roi de France, Henri Ier, il tourna ses forces contre la Normandie, prit la ville d'Alençon sans trop de peine, car les Alençonnais, pour être de ses sujets, lui rendirent la place sans se faire battre. Il vint ensuite mettre le siège devant Domfront, dont les fortes murailles mettaient la ville à l'abri d'un coup de main. La ruse ou la famine pouvaient seules avoir raison de la garnison, si faible qu'elle fût. Mais les assiégés, après avoir résisté quelque temps avec succès, voyant qu'aucun renfort ne venait à leur secours, perdirent courage et rendirent la place. Geoffroy y laissa une garnison formée de la meilleure partie de ses troupes, s'empara de tout le Passais, puis retourna en son pays. Il avait compté sans le retour offensif du duc Guillaume, qui, apprenant la reddition d'Alençon et de Domfront, porta ses armes contre cette dernière ville.

DEUXIÈME SIÈGE (1049)
Guillaume le Bâtard reprend Domfront

Comme Guillaume approchait du château, un des cavaliers de sa suite le tira en pleine campagne avec cinquante chevaux, l'assurant que bientôt ils rencontreraient les renforts envoyés par Martel. En même temps, le traître, par un de ses confidents, engageait la garnison à sortir sur eux, la prévenant du petit nombre qu'ils étaient, du chemin qu'ils suivraient, du sujet de leur entreprise, ajoutant que le duc, pressé, aimerait mieux mourir en combattant que de ternir sa gloire en fuyant. Cet avis reçu, les Domfrontais mirent en embuscade 300 chevaux et 700 piétons, qui attaquèrent à l'improviste les troupes du duc ; mais celui-ci, faisant brusquement demi-tour, baissa la lance, et du premier coup abattit mort celui qui marchait en tête, donnant telle crainte aux autres qu'après un combat de peu de durée, ils prirent la fuite et furent poursuivis jusqu'aux portes du château, où un de leurs capitaines fut tué. Cette téméraire attaque n'avait servi qu'à exciter davantage le jeune duc, qui jura *par la lumière-Dieu*, son serment ordinaire, qu'il prendrait la place. Dans ce but, il bloqua la ville, donna un assaut assez furieux, qui fut repoussé avec plus de perte que de gain. Bientôt, reconnaissant que la place, entourée de fortes murailles, n'avait que deux voies d'accès qui la rendaient difficile à prendre et facile à garder, il fit dresser en face quatre bastilles. Pendant leur construction, les assiégés faisaient preuve de courage par de fréquentes sorties, et les Normands leur taillaient beaucoup de besogne. Le duc, notamment, faisait des courses nuit et jour, tant pour l'approvisionnement de ses troupes que pour empêcher le ravitaillement des assiégés. L'approche de l'hiver ne le détourna point du but poursuivi.

Cependant les assiégés conjurent Martel de les secourir sans retard. Ils sont, disent-ils, à bout et vont être obligés de se rendre. Peut-être l'eussent-ils déjà fait, dit Dumoulin, mais habitués aux brigandages ils reculent à se soumettre à leur naturel seigneur, qui punit les voleurs. Enfin, on apprend que Martel vient, par Alençon, pour les secourir. A cette nouvelle, Guillaume laissant la direction du siège à l'un de ses lieutenants, se porte à la tête d'un fort détachement de ses meilleurs cavaliers, à la rencontre de son adversaire. Il détache trois d'entre eux, Guillaume fils Osbern, Roger de Montgommery et Guillaume fils Thierry, jeunes seigneurs valeureux et prudents, et leur dit : « Allez voir quels gens Geoffroy Martel a avec lui, et si vous pouvez lui parler dites-lui que s'il apporte vivres à ceux de Domfront, j'en garde la porte, et que demain matin il m'y trouvera pour le recevoir. » Aussitôt les trois chevaliers montent à cheval, découvrent bientôt les Angevins, et font signe de vouloir parler à leur chef. Deux soldats les conduisent devant lui. Montgommery répète les paroles du duc à Geoffroy, qui répond que le lendemain, de grand matin, il serait à la porte de la ville et entrerait dedans. « Et afin, dit-il, que Guillaume me connaisse, vous lui. direz que je serai monté sur un cheval blanc, et aurai un écu d'or. » Montgommery répliqua : « Sire, ne faites rien, car de bon matin vous verrez Guillaume monté sur cheval bai, et ayant un écu tout vermeil ; et afin que vous le connaissiez mieux encore, il aura au bout de sa lance une guimpe à dame, dont il vous essuiera le visage. » Aussitôt les trois cavaliers prirent congé de Martel et retournèrent vers Guillaume lui rapporter ce qu'ils avaient dit et vu.

Leur récit remplit les Normands de joie, et fit naître au Bâtard l'espoir de voir bientôt l'Angevin abattu à ses pieds. Mais il en alla autrement. Martel, prévenu par un faux bruit que la garnison s'était rendue, fut saisi de telle crainte qu'il prit la fuite, laissant au duc Guillaume une victoire sans combat, de la gloire sans péril, et le moyen facile de regagner ce qu'il avait perdu. Laissant momentanément la direction du siège à quelques-unes de ses troupes, il se dirigea vivement sur Alençon, dont il s'empara. Et pour punir les assiégés qui lui avaient crié : *A la pelle ! A la pelle !* faisant ainsi allusion à sa mère, fille d'un pelletier, il fit couper les pieds et les mains à trente-deux d'entre eux. Après cette barbare vengeance, il revint à Domfront, où il ne fut pas plus tôt arrivé que les habitants, désespérant d'être jamais secourus et intimidés des atrocités qui avaient marqué la reddition d'Alençon, demandèrent la vie sauve et rendirent le château.

Dès lors, le duc Guillaume avait sujet de dire comme César : *Je suis venu, j'ai vu, j'ai vaincu.* Il fit enlever du château tout le matériel de guerre et le fit transporter à Ambrières, qu'il fit bâtir sur les frontières du Maine, *pour gourmander Martel et briser ses courses.*

Tout en conservant la suzeraineté sur sa conquête, Guillaume rendit Domfront à la maison de Bellême. L'évêque Yves mourut en 1068. Il restait, de sa famille, Mabile, fille de Robert, mariée à Roger de Montgommery, vicomte d'Hiesmes, un des héros d'Hastings. Cette alliance mit, pour quelque temps, la vicomté de Domfront et tous les biens des Bellême en la main des Montgommery.

Après Roger de Montgommery, Robert, son fils, devint seigneur de Domfront.

TROISIÈME SIÈGE (1089)

Tentative infructueuse de Rotrou, comte de Mortagne

Robert de Montgommery eut toute sa vie les armes à la main, tantôt pour les querelles d'autrui, tantôt pour les siennes propres. Il eut notamment à combattre Rotrou, comte de Mortagne, son parent, qui avait des prétentions sur Domfront comme petit-fils, par Geoffroy, son père, de Guarin de Bellême, que nous avons vu seigneur de Domfront.

En 1089, Rotrou, à la tête de troupes nombreuses, vint mettre le siège sous les murs de notre ville, bien résolu à s'en emparer à tout prix. Il fit, dans ce but, de très grands préparatifs et poussa l'attaque avec vigueur, mais ce fut pour lui peine perdue. La garnison, renforcée des habitants, qui s'employèrent avec grand courage, fit si bonne contenance, que les assiégeants échouèrent dans leurs tentatives réitérées, et furent obligés de se retirer. Ce dévouement de la population eût dû porter Montgommery à la bien gouverner. Il n'en fut rien.

QUATRIÈME SIÈGE (1092)
Chassé de la place, Robert de Montgommery tente en vain de la reprendre

Les habitants de Domfront, las du gouvernement despotique de Robert de Montgommery et des cruautés de ses troupes, chassent la garnison et députent l'un des leurs vers Henri Ier, surnommé Beauclerc, le cadet des fils de Guillaume le Conquérant, pour venir prendre possession de leur ville. Le prince s'empressa de répondre à l'appel des Domfrontais. « Henri, dit le moine de Jumièges, s'empara d'un château très fort, nommé Domfront, par l'adresse d'un certain habitant du pays, lequel n'avait pu endurer plus longtemps les vexations que lui faisait éprouver Robert de Montgommery, homme orgueilleux et méchant. » Le trouvère Robert Wace nous révèle son nom : *Hascher lui fit Domfront avoir*. Ordéric Vital nous a laissé la même version : « *Les gens de Domfront lui envoient Harecher pour lui offrir leur ville.* » Cet Hascher ou Harecher, dont le vrai nom était Achard, et dont l'une des nombreuses branches, celle des Hautes-Noës, est restée fidèle à son berceau, descendait lui-même du riche Achard, un des signataires de la charte de fondation de Lonlay.

Voici comment *la Chronique de Normandie* raconte

la prise de Domfront dans son langage si naïf : « Une fois que Henri était à Paris, vint à luy un chevalier nommé Hacher ; ils parlèrent ensemble de plusieurs choses, tant que Hacher dit à Henri que s'il voulait il luy ferait avoir, en Normandie, une bonne forteresse, et Henri l'en remercia et luy dit que volontiers il l'accepterait. Alors Hacher prit une emplâtre qu'il mit sur l'œil de Henri, afin qu'il ne fût pas reconnu, et ainsi le mena tout droit de Paris à Domfront, où il fut maître de la place et bientôt conquit tout le Passais, malgré le seigneur d'Hiesmes, à qui le pays appartenait. »

Une condition avait été imposée à Henri par les gens de Domfront, c'est que jamais il ne se dessaisirait de leur ville et qu'il respecterait leurs lois et coutumes. Il le promit sur la foi du serment. « Ce châtel, dit le trouvère Benoît de Sainte-More, Henri eut si cher que jusqu'au dernier jour de sa vie, il ne le jeta hors de sa maison. » Le moine de Jumièges le répète dans les mêmes termes : « Il le garda avec tant de soin qu'il en demeura maître jusqu'à la fin de sa vie. » Il y entretint une garnison de soldats bretons, et en général habile, en fit son centre d'opération dans la contrée, toujours prêt à rebrousser chemin pour venir s'abriter derrière ses épaisses murailles. Cette prudence le sauva.

Robert de Montgommery mit tout en œuvre pour reprendre Domfront. Secondé par Robert Courte-Heuse, le propre frère de son adversaire, il traversa tout le Passais à la tête des troupes ducales, et vint, comme une flèche, mettre le siège devant l'imprenable citadelle, qui brava toutes ses menaces. En vain essaya-t-il d'affamer les habitants et la garnison, la place était bien pourvue et capable de résister longtemps. De guerre lasse, sans cesse harcelé par les assiégés qui décimaient ses troupes, Montgommery fut contraint à la retraite, abandonnant tout son bagage qui tomba aux mains de la garnison.

Après la mort de Guillaume le Roux, en 1100, Henri passa en Angleterre et se fit proclamer roi. Pour apaiser son frère Robert, à qui revenait le trône, il s'engagea à lui payer 3.000 marcs d'argent de pension annuelle, et à lui remettre toutes les places qu'il possédait en Normandie, excepté Domfront. Mais, à peine avait-il contracté cet engagement qu'il chercha par tous les moyens à l'éluder. Vers la fin de l'année 1104, il vint à Domfront, où il fut reçu avec pompe et joie ; il y séjourna quelque temps, en compagnie des comtes de Montfort, de Meulan, d'Aumale et de Mortagne. Il avait eu l'adresse de gagner, par des présents et des promesses, une grande partie de la noblesse. La Normandie devient alors le théâtre d'une guerre fratricide : Henri fait son frère prisonnier à la bataille de Tinchebray, le 27 septembre 1106, et le prive de la vue et de la liberté. Cette action barbare le rendit seul maître de la province, dont il disposa jusqu'à sa mort, arrivée en 1135.

Depuis le naufrage de *la Blanche-Nef*, qui avait englouti sa famille, il ne restait à Henri qu'une fille, Mathilde, qui, devenue veuve sans enfants de Henri V, empereur d'Allemagne, avait épousé, en 1129, Geoffroy Plantagenet, comte d'Anjou. Les deux époux étaient dans leur comté, lorsqu'ils apprirent qu'Étienne, comte de Mortain, leur cousin comme issu d'un comte de Blois et d'une fille de Guillaume le Conquérant s'était fait couronner roi d'Angleterre et s'emparait de la Normandie. Ils mirent des troupes sur pied et se lancèrent à sa poursuite. Étienne, pour éviter une rencontre qui aurait pu lui être fatale, vint s'enfermer dans Domfront avec une bonne garnison.

CINQUIÈME SIÈGE (1136)
Geoffroy Plantagenet, comte d'Anjou, s'empare de Domfront

Geoffroy avait confiance dans son étoile ; jusqu'à ce jour, il avait vu Étienne fuir à son approche, et les murailles avaient beau être hautes et épaisses, il ne croyait pas que ce fût, pour son armée, un obstacle insurmontable. Il vint donc camper autour de la ville. A peine arrivé, il en fit lui-même le tour pour chercher un endroit vulnérable, mais il ne put en trouver. Les murailles étaient alors en très bon état, et il n'y avait pas moyen d'entrer dans la place par surprise, tous les postes étaient bien gardés. En peu d'instants, sa détermination fut prise. Il fit faire une palissade derrière laquelle il retrancha son camp, puis on se mit à l'œuvre pour faire un siège en règle. Souvent les travaux furent interrompus et quelquefois renversés par les sorties des assiégés ; mais ses gens étaient infatigables et les travaux recommençaient avec une nouvelle ardeur. Enfin, vint le coup décisif, l'assaut. Geoffroy fut repoussé avec d'assez grandes pertes ; mais, sans se décourager, un nouvel assaut eut lieu, suivi d'un même résultat négatif. Ce ne fut qu'à la troisième fois qu'il put pénétrer dans la ville, par plusieurs brèches faites aux murailles.

Pendant le siège, les habitants avaient eu beaucoup à souffrir, et les murailles furent bien endommagées. Mathilde vint visiter la ville ; les clefs lui en furent remises par le vicomte Guigan Algazon, et les Domfrontais la reçurent « *comme leur dame naturelle* ». Elle s'installa au château, fit réparer les fortifications, et, en reconnaissance des services rendus par Juhel de Mayenne pendant le siège, elle lui donna la terre de Villaines, appelée depuis Villaines-la-Juhel.

Cette guerre fut suivie d'une famine affreuse. On alla, dit-on, jusqu'à se nourrir de chair humaine. La faim fit périr une grande partie de la population.

Geoffroy et Mathilde eurent pour successeur leur fils, Henri II, qui épousa, en 1152, Eléonore de Guyenne, femme divorcée de Louis VII, roi de France. Cette princesse habita souvent le château de Domfront avec son royal époux. Elle y donna le jour, le 13 octobre 1162, à une fille, nommée aussi Éléonore, baptisée en l'église Notre-Dame-sur-l'Eau par un légat du pape, et mariée dans la suite à Alphonse de Castille, dont sortit Blanche, mère de Saint-Louis.

Henri, par lettres datées d'Argentan, exempta les habitants de Domfront de tous droits et coutumes, dans l'étendue de ses Etats, par mer et par terre. On connaît ses démêlés avec l'archevêque de Cantorbéry, Thomas Becket. C'est à Domfront qu'il reçut les deux légats, Vivien et Gratien, envoyés par le pape pour le réconcilier avec l'archevêque. Il mourut à Chinon, en 1189, et sa veuve lui survécut jusqu'en 1204.

Leur fils, Richard Cœur de Lion, séjourna à Domfront avant et après sa croisade. Du consentement de la reine sa mère, qui avait une partie de sa dot dans la vicomté, il assigna Domfront, Argentan et Falaise à la reine Bérengère, sa femme. Tué au château de Chalus en 1199, son frère, Jean sans Terre, s'empara de son héritage, au détriment de son neveu, Arthur de Bretagne, l'héritier légitime, qu'il poignarda lâchement. Pour réparation de ce crime, Philippe Auguste confisqua toutes les terres que Jean possédait, comme vassal, en France, et envahit la Normandie. Sur le point d'entrer en lutte, Jean voulut se concilier les bonnes grâces des Domfrontais, en leur accordant le droit de commune (25 février 1203). Ce privilège fut toujours respecté dans la suite.

SIXIÈME SIÈGE (1203)
Philippe Auguste s'empare de Domfront

Philippe Auguste, ayant pour lieutenants Guy de Thouars, Renault comte de Boulogne et le capitaine Guillaume des Barres, vint, en personne, mettre le siège devant Domfront. Gautier de La Ferrière y commandait pour le roi Jean. Avant de commencer un siège en règle, qui, sans doute, eût été long et eût coûté beaucoup de sang, Philippe voulut user de modération. Dans une lettre qu'il écrivit à Gautier, datée de son camp devant Domfront, il l'invita à lui rendre la place, moyennant quoi il le prendrait *à sauveté*, envers et contre tous, à charge naturellement d'être un loyal et fidèle serviteur. Gautier, voyant avec quelle rapidité le roi menait cette guerre, ne douta pas un instant de la réussite de Philippe. Il accepta donc les ouvertures qui lui étaient faites, ouvrit les portes de la ville, alla au-devant de Philippe et lui rendit hommage sur l'heure.

Maître de Domfront, Philippe Auguste le donna à Renaud, comte de Boulogne et de Mortain, en récompense des services qu'il lui avait rendus pendant la campagne. Mais ce nouveau seigneur n'en jouit pas longtemps, parce qu'il se révolta contre son bienfaiteur.

SEPTIÈME SIÈGE (1211)
Philippe Auguste reprend Domfront

Pour punir l'ingrat comte, Philippe Auguste, à la tête de nombreuses troupes, vient mettre le siège devant Domfront et prend ses dispositions pour en finir rapidement. Après une courte résistance, la garnison, cernée de tous côtés et réduite à ses seuls moyens, comprend l'inutilité de prolonger une lutte inégale et ouvre les portes à son puissant adversaire. Sans perdre de temps, le roi se dirige sur Mortain, qui se rend après trois jours de siège. Boulogne fut tué à la bataille de Bouvines, laissant une fille unique, Mahaut, que le roi fit épouser à son second fils, Philippe le Rude ou Hurepel ; en considération de ce mariage, il donna aux jeunes époux les villes de Domfront et Mortain, dont il venait de s'emparer.

Le nouveau seigneur fit augmenter, en 1228, les fortifications de Domfront, et, suivant M. Blanchetière, construire probablement l'important cours de casemates longeant le fossé, qui isolait le château de la ville. Il mourut en 1233 ; sa fille unique, Jeanne de Boulogne, épousa en 1245 Gaucher de Châtillon, seigneur de Montjay et de Saint-Aignan, qui, l'année suivante, s'obligea, par écrit, à remettre Domfront au roi toutes fois et quantes qu'il en serait requis.

Gaucher fut tué dans la première croisade du pieux roi, le 5 avril 1250. Son épouse décéda avant Mahaut, sa mère, qui vécut jusqu'en 1258. Domfront fit alors retour à la couronne. Saint Louis en dota son neveu, Robert d'Artois, et par après le fils de celui-ci, Philippe, en faveur de son mariage avec Blanche de Bretagne. Philippe d'Artois mourut en 1292, laissant deux fils : Guillaume et Robert. Le premier confirma les droits de l'abbaye de Lonlay sur le prieuré de Saint-Symphorien du château ; le second, qualifié comte de Beaumont, excita bientôt un mécontentement général.

HUITIÈME SIÈGE (1328)
Les Domfrontais font l'assaut du Château

Las du despotisme de leur seigneur, épuisés par ses exactions continuelles, les malheureux habitants résolurent, en 1328, de s'emparer du château, devenu un repaire de brigands. Ils marchèrent courageusement contre la citadelle et en tentèrent l'assaut sur plusieurs points à la fois. Mais, Jehan de La Ferrière, faisant fonctions de gouverneur, mieux armé que les pauvres vilains et protégé par les épaisses murailles de la forteresse, les repoussa victorieusement, et, pour leur ôter l'envie de recommencer, en fit pendre douze des plus obstinés. Cette révolte domfrontaise contre l'oppression féodale est remarquable en ce qu'elle précéda de trente ans la grande révolte populaire connue sous le nom de Jacquerie.

Trois ans plus tard, Domfront fut de nouveau réuni à la couronne, par suite de confiscation sur Robert d'Artois, troisième du nom, condamné comme faussaire.

NEUVIÈME SIÈGE (1341)
Robert d'Artois s'empare de Domfront

Errant, fugitif, Robert d'Artois réussit, en 1341, à former une petite armée à la tête de laquelle il vint sous les murs de Domfront, pour reprendre par la force ce qu'on lui refusait de bonne grâce. Le siège ne fut pas long. La garnison, qui était peu nombreuse, essaya néanmoins de résister. Robert, qui, de son côté, sentait combien faible était son armée devant de si imposantes murailles, quelque mal défendues qu'elles fussent, usa de ruse et entra dans la ville presque sans coup férir. Maître de la place, il ne chassa même pas la garnison qui y était ; pris d'une soudaine inspiration, il abandonna toute la vicomté au roi de France. Aveline le Meignan, son capitaine des gardes, qui l'avait suivi dans sa rébellion, vit ses biens confisqués et réunis au domaine. Le fief auquel il avait donné son nom était situé dans les paroisses de Saint-Bômer et la Haute-Chapelle ; une partie de la ville en dépendait également.

En 1343, Domfront est donné, par Philippe de Valois, à son neveu et filleul, Philippe, comte d'Alençon, qui devint archevêque de Rouen. Bientôt le désastre de Crécy fait passer la Normandie sous la puissance de l'Angleterre. Cependant, durant dix ans, Domfront reste encore aux mains de son légitime seigneur.

DIXIÈME SIÈGE (1355)

Les Anglais s'emparent de Domfront

En 1355, Philippe de Navarre, frère de Charles le Mauvais, à la tête d'une armée considérable, composée mi-partie de ses sujets et mi-partie d'Anglais, ceux-ci sous les ordres de Henri de Lancastre, secondé par un certain Michel de Chaulx-Navarrès, vient camper sous nos murs. La garnison, commandée par Guillaume du Merle, seigneur de Messei, était alors très peu nombreuse, mais les habitants se joignent à elle et font des prodiges de valeur pour repousser l'ennemi. Vains efforts, le nombre l'emporte sur la valeur, et Philippe entre victorieusement dans la place (1). Après quelques

(1) Voir *Fragments d'une chronique inédite,* publiée en 1895 par Léopold Delisle.

jours de repos, il laisse la garde du château aux Anglais et va à la tête des siens ravager la contrée.

Le traité de Brétigny, conclu en 1360, fait rentrer le comte d'Alençon en possession de Domfront. Le 20 janvier 1367, il cède tous ses biens à Pierre et Robert, ses frères, qui en font partage. Le domaine de Domfront échoit à Pierre, en faveur duquel Charles V l'unit au comté d'Alençon, le 13 septembre suivant.

En 1382, Pierre fit réparer les fortifications, réédifier une des tours du château et la principale porte de la ville. Il confirma les droits et privilèges de l'abbaye de Lonlay, et mourut en 1404. Son fils, Jean Ier, fut un des chefs de la faction des Armagnacs, qui désolait alors la France, sous prétexte de venger l'assassinat du duc d'Orléans, commis en 1407 par le duc de Bourgogne. La garnison qu'il avait mise à Domfront pilla, sur ses ordres, les terres de Henri II, comte du Maine. Cet acte de violence provoqua une nouvelle invasion.

ONZIÈME SIÈGE (1412)

Le connétable de Saint-Paul échoue devant le château

Le comte du Maine envoie des troupes, sous les ordres d'Antoine de Craon et de Robert de la Heuse dit *le Borgne*, faire le siège de Domfront. La garnison s'était cantonnée dans le château, laissant aux habitants le soin de défendre la ville. Ceux-ci, peu aguerris et fort mal armés, se virent bientôt forcés d'abandonner les murailles et d'ouvrir les portes à l'ennemi. Le duc de Bourgogne, qui était venu se mettre à la tête des assiégeants, entre dans la ville, se croyant complètement maître du champ de bataille. La ville est, il est vrai, en son pouvoir ; mais le château, bien fortifié et bien approvisionné, est là qui se dresse devant lui, inébranlable sur son roc, et prêt à vomir la mort par toutes ses ouvertures. C'était un nouveau siège à faire. Le duc retranche ses postes avancés derrière les maisons qui avoisinent le fossé, puis il fait tous ses préparatifs de combat. Les machines sont prêtes, il les essaie même en lançant quelques projectiles contre les murailles, qui reçoivent le choc sans en être ébranlées.

Les assiégeants, découragés par l'opiniâtre résistance de la garnison, engagent le duc à demander au roi des renforts. Charles VI y envoie le connétable de Saint-Paul, avec un gros corps de troupes. Alors, l'attaque recommence avec vigueur ; les pierres lancées contre les murailles rebondissent en sifflant dans le fossé, mais sans causer aucun dommage aux assiégés. Les arbalétriers qui sont dans le château tirent juste ; leurs coups font éprouver des pertes sensibles à l'ennemi, qui semble redoubler de fureur, mais toujours en vain. Voyant que le siège serait long, le connétable de Saint-Paul s'éloigna, non toutefois sans avoir fait bâtir un fort devant le château pour incommoder la garnison et l'empêcher de faire aucune sortie. Mais bientôt un coup de théâtre se produit. Les assiégés ouvrent les portes, après avoir reçu l'autorisation d'emporter armes et bagages.

Domfront retourna une fois encore au comte d'Alençon, en faveur duquel, deux ans après, le comté fut érigé en duché.

En 1417, Henri V, roi d'Angleterre, profitant de nos discordes civiles, fit une descente en Normandie, s'empara d'une grande partie du Perche et du duché d'Alençon, et, au mois de novembre, envoya son grand chambellan, Henri Philizen, mettre le siège devant Domfront.

DOUZIÈME SIÈGE (1417-1418)
Les Anglais s'emparent de Domfront

Pierre Ledin de la Chalerie était gouverneur de la ville et du château pour le duc d'Alençon, Jean II. La garnison, en l'absence du capitaine, était commandée par son lieutenant, Clément le Bigot. Pendant les longs mois que dura le siège, les habitants, retirés dans le château, se défendirent avec un grand courage, sous la conduite de leur vaillant chef, qui déploya une tactique et une activité remarquables.

Tous les efforts des Anglais restèrent longtemps infructueux. Le découragement commençait à gagner les troupes ; les officiers eux-mêmes désespéraient de réussir, lorsque le roi d'Angleterre envoya à leur secours Richard de Beauchamp, comte de Warwick et le célèbre Talbot, avec un fort détachement de nouvelles troupes.

Alors, les assiégeants donnèrent des assauts plus fréquents et dirigés avec plus d'ensemble et d'énergie. Les Domfrontais, qui, eux, n'avaient pas reçu de renforts, tinrent ferme devant l'ennemi et le repoussèrent à plusieurs reprises. Les munitions et les vivres commençaient à se faire rares dans la place, et il fallait abandonner tout espoir de ravitaillement. Cependant les assauts continuaient avec plus de violence que jamais. A bout de forces, épuisés de faim et de fatigues, les habitants et la garnison furent forcés de céder au nombre et de demander une suspension d'armes. Le 10 juillet 1418, ils conclurent un armistice, avec promesse de rendre la place le 22, s'il ne leur venait pas de secours, et pour garantir l'exécution du traité, sept des défenseurs se livrèrent comme otages. L'histoire a conservé les noms de ces braves : Jehun

Grosparmy, Jehan Gamohat, Robin Béquart, Robin Aumont, Robin Le Cilleur, Geoffroy de Villegame et Guillaume Bourmont le jeune. Nous donnerons en *Appendice* le texte complet de l'acte de capitulation, aussi intéressant qu'honorable pour notre ville.

Le jour fatal étant arrivé sans amener de changement dans la position des assiégés, Le Bigot remit la place entre les mains du grand chambellan d'Angleterre, et sortit à la tête des siens avec les honneurs de la guerre.

Les soldats anglais, qui depuis neuf mois étaient retenus dans leur camp, se dédommagèrent de cette inactivité forcée en courant la campagne, pillant et saccageant tout ce qui se présentait sur leur passage. Rien, par eux, ne fut respecté : les abbayes et les églises furent entièrement pillées ; le tombeau de Guillaume de Bellême, dans l'église Notre-Dame-sur-l'Eau, fut brisé. Celui que nous voyons le remplaça en 1486, par les soins de René, duc d'Alençon.

Maître de Domfront, le roi d'Angleterre établit un de ses lieutenants, Hugues Stafford, capitaine du château et de la ville. Le 13 juillet 1420, cet officier certifiait que toutes les réparations utiles aux fortifications de la place avaient été bien et dûment faites. Jean de Montgommery lui succéda ; puis vint Jean de Carrel, qui fut chargé, le 29 mars 1429, de passer la revue des hommes d'armes de Domfront et Argentan, appelés au siège d'Orléans. Malgré les succès retentissants de Jeanne d'Arc, les Anglais restèrent maîtres de la Normandie jusqu'à la bataille décisive de Formigny (15 avril 1450), et encore après disposèrent-ils de Cherbourg et de Domfront. Pendant les trente-deux ans d'occupation de cette dernière ville, ils avaient rendu leur joug odieux par leur tyrannie et leurs exactions. Aussi les habitants souhaitaient-ils une prompte délivrance. C'est alors que les troupes de Charles VII vinrent, de Falaise, mettre le siège devant la place.

TREIZIÈME SIÈGE (1450)

Les Français reprennent Domfront

La ville était pleine de soldats anglais, au nombre de sept à huit cents, se gorgeant chaque jour de vivres volés dans la campagne. Leurs salles d'armes étaient remplies ; ils avaient des munitions en abondance, aussi l'armée française s'attendait-elle à un rude siège.

Charles de Culant, grand-maître d'hôtel de Charles VII, le sire de Blainville et Jean Bureau, qui commandait l'artillerie, vinrent, le 13 juillet 1450, diriger le siège, avec leurs compagnies de gens d'armes, 500 archers et quantité de noblesse.

Le siège durait depuis trois semaines et pouƗ ait se prolonger encore ; mais les Anglais, se voyant abandonnés de leurs frères d'armes qui, pour la plupart, étaient rentrés en Angleterre, offrirent de rendre la place, si on leur promettait la vie sauve et la liberté de regagner leur patrie avec armes et bagages. Ces conditions furent acceptées, une rançon fut fixée, des otages en garantirent le paiement, et, le 2 août suivant, la ville fut remise entre les mains du sieur de Culant.

L'année suivante, le roi accorda aux habitants des lettres d'abolition générale pour tout ce qu'ils pouvaient avoir fait contre son service durant l'occupation anglaise. Il mit une forte garnison dans la place et rendit le Domaine à Jean II, duc d'Alençon ; mais ce seigneur paya d'ingratitude son bienfaiteur. Convaincu de trahison, il fut condamné à mort et ses biens confisqués et réunis à la couronne. Louis XI, en montant sur le trône (1461), remit le duc en liberté et le rétablit dans ses biens, se réservant seulement la nomination des gouverneurs et capitaines des villes et châteaux. C'est ainsi que Jean de Daillon, seigneur du Lude, fut établi gouverneur de Domfront.

Jean II, toujours remuant et factieux, fut une seconde fois condamné à mort pour trahison et de nouveau gracié, *vu son âge et sa maladie.* Il mourut en 1476, laissant la couronne ducale à son fils, René, auquel succéda, en 1492, Charles IV, qui épousa Marguerite de Valois, sœur de François Ier. Ce prince mourut sans enfants en 1525 et fut le dernier de sa race.

Plus tard, Charles IX céda Domfront et Alençon à la reine Catherine de Médicis, sa mère. Elle les lui rendit en 1566, et il en fit l'apanage de François de Valois, son frère.

On était alors en pleine guerre civile. Les catholiques de Domfront chargèrent de leur défense le sieur Pitard de Boispitard, jeune chevalier qui arrivait de l'armée, et se cotisèrent pour lui entretenir trois à quatre cents soldats. Cette mesure était opportune, car le capitaine calviniste Montholon, à la tête de 120 cavaliers et d'une troupe de piétons, tenta, au même temps, de surprendre la place ; mais il fut forcé de se retirer avec perte.

Le comte de Matignon, lieutenant du roi en Basse-Normandie, s'assura alors de Domfront, dans la crainte que pareille tentative se renouvelât, et chargea François des Chapelles, capitaine, et Pierre Couppel, son lieutenant, de veiller avec douze hommes de guerre et le concours des habitants à la garde et conservation du château.

Cette petite garnison semblait ne rien redouter des protestants, qui paraissaient tranquilles, lorsque, dans la nuit du 27 septembre 1568, elle fut surprise par

Poilley de Bretagne. Dès la première sommation, effrayée d'une attaque si brusque, la garnison se retira par une brèche de la muraille, au nord du château. Poilley, dont la troupe ne dépassait pas 150 hommes, put alors piller et ravager tout à son aise, sans épargner l'église Notre-Dame, dont le clocher fut brûlé jusqu'à la plate-forme.

QUATORZIÈME SIÈGE (Février 1574)
Le capitaine La Chaux ne peut déloger les Protestants

Dans la nuit du Mardi-Gras (26 février 1574), les sieurs de La Touche frères (de leur nom Ambroise et René Le Héricé, surnommés *Le Balafré* et *Pissot*), calvinistes des plus militants, profitant de l'obscurité, s'emparèrent du château, après en avoir enfoncé la porte, et y surprirent le lieutenant Couppel, qui avait l'habitude d'y coucher en l'absence du capitaine Des Chapelles. Ils l'enferment, lèvent les ponts, et interceptent ainsi toute communication avec le dehors.

Dès que la nouvelle fut connue, Boispitard assembla les gens de bonne volonté, fit barricader les portes de la ville, excepté la porte Neuve, voisine du château, dont la serrure ne put fonctionner, ayant été remplie de pierres. Il se disposait à ordonner l'escalade du château, lorsque les femmes de Domfront, qui veillaient nuit et jour sur les murs d'enceinte, jettent l'alarme et signalent l'approche d'un fort groupe de cavaliers. Ne doutant pas qu'il s'agit d'adversaires, Boispitard, se croyant hors d'état de résister, abandonne la ville et se retire dans la direction du Pissot.

Il était temps, car déjà la troupe ennemie, à la tête de laquelle s'était mis Ambroise Le Héricé, parcourait les rues, criant et tirant *force pistolades*. Afin de mettre le château en défense, tout ce qui pouvait y contribuer fut enlevé de la ville ; les faubourgs furent brûlés et les fortifications réparées. Le nouveau chef se qualifiait capitaine et gouverneur, et disait qu'il était roi et maître de Domfront.

Le 12 mai, Matignon donne commission à Michel de Montreuil, dit le *capitaine La Chaux*, de lever et mettre sur pied une compagnie de 100 hommes, des meilleurs et plus aguerris soldats qu'il pût trouver, pour reprendre la ville et réprimer les brigandages. La Chaux arriva vers la Mi-Carême et bloqua la place du côté des portes de Notre-Dame et de Caen. Il s'empara des faubourgs ; mais, n'ayant pas assez de troupes, il n'osa y passer la nuit. Peu de jours après, le capitaine protestant Guichaumont trouva le moyen de renforcer la garnison ; alors La Chaux, qui avait espéré que la place lui serait remise, fut reçu par une fusillade bien dirigée, qui, partie des remparts, l'obligea à se retirer pour aller chercher des renforts. Il laissa sa compagnie sous les ordres de son lieutenant Coud'hard, promettant de revenir bientôt, pour en finir promptement avec ces rebelles. Mais, il avait compté sans le courage et l'adresse de ceux-ci. Dès que les assiégés surent que La Chaux était parti, ils firent une sortie si habilement dirigée que les assiégeants furent obligés de reculer avec d'assez grandes pertes. Coud'hard fut pris, dépouillé de ses vêtements, attaché à un arbre et fusillé ; plusieurs de ses hommes subirent le même sort ou furent impitoyablement massacrés.

Pendant que ces horreurs se pratiquaient à Domfront, Matignon était retenu devant Saint-Lô, dont il faisait le siège. Le comte Gabriel de Montgommery, l'auteur involontaire de la mort de Henri II, échappé miraculeusement à la Saint-Barthélemy, s'y trouvait, et Matignon avait promis à la reine-mère de le lui livrer mort ou vif ; mais Montgommery, trompant sa surveillance, partit bientôt pour aller au-devant des secours que le Perche et le Maine lui avaient promis. Il arriva à Domfront le 8 mai, à 8 heures du matin, avec 60 chevaux. Le Balafré, qui commandait la place, ne daigna pas aller à sa rencontre, se contentant de le recevoir à la grande porte de la ville ; il lui refusa même des vivres pour lui et sa petite troupe, disant que la place lui appartenait, qu'il l'avait conquise et qu'il ne lui donnerait rien qu'en payant. Indigné d'un tel propos, un des officiers de Montgommery voulut lui porter un coup d'épée. Le Balafré, en reculant, tomba à la renverse et le reçut dans le bas-ventre. Il en mourut la nuit suivante, et fut enterré dans l'église Notre-Dame. Mais bientôt, Boispitard, pour se venger du pillage de sa maison, ordonné par Le Balafré, fit exhumer son cadavre et le fit pendre au gibet du tertre Grisière, en face le château.

Revenons à Matignon.

QUINZIÈME ET DERNIER SIÈGE (Mai 1574)

Matignon s'empare de Domfront et fait prisonnier Montgommery

Matignon n'eut pas plus tôt appris la fuite de Montgommery qu'il se mit à sa poursuite avec toute sa noblesse. Il traversa le pays comme à vol d'oiseau, et, le 9 mai, à huit heures du matin, il était devant Domfront, qu'il fit investir par sa cavalerie, qui resta 24 heures à cheval, en attendant l'arrivée de l'infanterie. Dans l'impossibilité de fuir, il ne restait plus à Montgommery qu'à capituler ou à se défendre. Les murailles étaient en mauvais état, et les collines voisines les commandaient. On n'avait ni provisions de bouche, ni provisions de guerre. A l'exception d'un petit nombre, les habitants, catholiques pour la plupart, avaient quitté la ville, menacée de toutes les calamités d'un siège. C'est dans ces conditions que les hostilités commencèrent le jour même, au soleil couchant. Quelques fantassins, sortant du château un à un, par la poterne, se lancèrent, sans même donner aux 25 cavaliers qui les suivaient le temps de s'aligner, culbutèrent d'abord un poste d'arquebusiers placé derrière un fossé, et chargèrent tout d'une bride le gros de la cavalerie catholique jusque sur la roche Saint-Vincent, où elle était en bataille. Les rangs sont rompus, huit cavaliers royaux, dont un lieutenant, et neuf chevaux sont tués. Les assaillants avaient espéré gagner la forêt d'Andaine et se rendre, de là, à Alençon, où Montgommery les rejoindrait ; mais des abattis d'arbres et des postes placés dans tous les endroits praticables les arrêtent. Ils rentrent en bon ordre, ayant perdu un tué et deux blessés.

Le 12, nouvelle sortie, sans plus de résultat : neuf gentilshommes cuirassés et 20 arquebusiers, commandés par La Touche dit Pissot, se précipitent sur l'avant-poste catholique établi dans une maison voisine. On tire encore, on force les lignes, et, plus heureux que la première fois, le détachement rentre dans la place avec tous ses hommes; deux seulement étaient légèrement blessés.

Mais, pendant ce temps, l'artillerie et de nombreuses troupes commandées par Sainte-Colombe, un des meilleurs lieutenants de Matignon, étaient venues renforcer l'armée assiégeante. Pendant huit jours, on n'entendit que sonner les trompettes et battre les tambours. Plus de 6.000 arquebusiers et 1.200 cavaliers se trouvèrent bientôt réunis pour assiéger 150 hommes de toutes armes, retranchés derrière de mauvaises murailles. Encore, à partir du 14 mai, la trahison vint-elle affaiblir cette petite troupe, et la désertion éclaircir ses rangs. A la demande de Matignon, des rapports s'établirent entre les parents et amis des deux armées ; Montgommery ne s'aperçut du danger de ces relations que lorsqu'il fut trop tard pour y remédier. D'Aubigné, son coreligionnaire, lui offrit les moyens de fuir ; mais il n'en voulut rien faire, d'autant qu'il comptait sur un renfort de la part de ses amis. D'ailleurs, il suspectait les intentions de D'Aubigné, qui combattait dans les rangs royalistes. Et le fait suivant semblait lui donner raison. Quelques jours s'étaient à peine écoulés, que Matignon faisait approcher de la ville un prétendu secours sous la forme de gens vêtus de blanc ; mais les assiégés ne s'y trompèrent pas, ils reçurent à coups de mousquets ces faux alliés.

Le dimanche 23, à sept heures du matin, six pièces de canon placées sur le tertre Grisière commencèrent à battre la ville et le château. Plus de 600 coups furent tirés. A midi, une des tours de la porte principale était abattue et la brèche praticable. Huit compagnies de chacune 300 hommes marchent à l'attaque de la ville. Sentant l'impossibilité de la défendre, Montgommery ordonne à ses hommes de se retirer dans le château : 30 d'entre eux refusent et passent à l'ennemi.

Cependant la batterie continue à tonner durant le reste de la journée et la matinée du lendemain. Matignon a fait entrer le canon dans la ville et, à l'abri des maisons voisines du château, que Montgommery n'avait pas eu le temps de faire démolir, il a pu s'avancer jusqu'au bord du fossé. Le 24, à midi, il y a une brèche de 15 mètres dans la courtine du château. En vain, le chef protestant fait une sortie avec tout son monde, et tente d'enclouer le canon ; il est repoussé avec perte sur le glacis.

Sommés de se rendre, avec menace, en cas de refus, de n'avoir aucun quartier, les assiégés répondent en jurant de mourir avec leur chef. D'une heure à deux, les arquebusiers recommencent un feu nourri et meurtrier. Dans une éclaircie de fumée, l'on aperçoit, au pied du mur, les colonnes d'assaut, qui font leurs apprêts ; leur effectif est de 1.000 hommes environ. Sainte-Colombe les commande. En face, debout sur la brèche, Montgommery, en simple cotte de mailles, s'aperçoit, avec les 50 braves qui lui sont restés fidèles.

L'assaut commence ; le fossé a été franchi sans encombre ; mais une couleuvrine de 24, qu'à défaut de boulets, les assiégés ont chargée de ferraille, placée dans la seule tour restée debout, se démasque, foudroie les premiers rangs et les culbute dans le ravin : 40 hommes sont couchés sur le carreau. Les autres hésitent. Sainte-Colombe, une pique à la main, s'élance vers la brèche et ranime le courage des siens. La mêlée devient affreuse. Les combattants des deux partis ne se reconnaissent plus qu'à la voix, au milieu de la flamme et de la fumée. Nombre d'habitants de la ville, de tout âge et de tout sexe, qui s'étaient réfugiés dans le château, mêlent leurs cris et leurs efforts à ceux des défenseurs. Les cadavres s'entassent autour des murailles. Toujours intrépide, Montgommery se précipite aux endroits les plus menacés ; les boulets, les balles et les grenades pleuvent autour de lui ; c'est à peine s'il est touché au visage d'un éclat de pierre. Sainte-Colombe se reposait dans le fossé de ses glorieuses fatigues ; un énorme fragment de créneau tombe sur lui et l'écrase. Un de ses capitaines, De Bons, mortellement blessé à la tête, conserve assez de sang-froid pour écrire de son sang une lettre à sa fiancée. D'autres braves succombent dans cette lutte épique.

Matignon tire les siens de leur périlleuse situation en leur envoyant 400 mousquetaires et deux pièces de campagne, qui furent pointées vers la brèche. Ce nouveau feu, joint à celui de la mousqueterie, prive les assiégés de l'avantage de rester en bataille ; ils sont obligés de se retirer dans les casemates. Mais il est sept heures du soir ; commencée à deux heures, la lutte dure donc depuis cinq heures, sans interruption ; les assiégeants sonnent la retraite. Cent soixante des leurs sont hors de combat ; les pertes adverses sont de 12 tués et autant de blessés.

Le premier soin de Montgommery fut de réparer la brèche le mieux possible ; et, de crainte de surprise, il y voulut coucher lui-même, résolu à combattre jusqu'à la mort. Matignon, de son côté, ne quittait la tranchée ni le jour, ni la nuit, afin d'empêcher toute tentative d'évasion. D'ailleurs, sûr du succès, il ne voulut pas recommencer l'assaut meurtrier de la veille, se contentant d'entretenir, à distance, un feu de mousqueterie.

La nuit suivante, Montgommery coucha encore sur la brèche. Mais, le matin, en regardant autour de lui, il se trouva comme abandonné. Huit des siens, parmi lesquels un gentilhomme, s'étaient encore dérobés par les casemates ; il restait avec quatorze braves seulement au milieu des ruines. Les munitions faisaient défaut, les vivres manquaient et les citernes étaient à sec. Dans de telles conditions, la défense n'était plus possible. Le drapeau blanc fut arboré au haut du donjon, et le tambour battit la chamade.

Ce fut Vassé, ami et proche parent de Montgommery, qui fut chargé de régler avec lui les conditions de la reddition. Tandis que le premier voulait une remise sans conditions, le second réclamait la liberté pour lui et pour les siens. Trois entrevues successives restèrent sans résultat. Enfin, le 27, au soir, gagné par les représentations et les promesses de son parent, Montgommery céda avec douleur. Il fut arrêté qu'il se rendrait à la miséricorde du roi, sans autres armes que la dague et l'épée, et que ses compagnons demeureraient prisonniers de guerre. Matignon le reçut au milieu de ses troupes en bataille, lui donna des gardes, fit désarmer ce qui restait de la garnison, renvoya les simples soldats avec un bâton blanc à la main au lieu d'épée, mais retint prisonniers, avec leur illustre capitaine, les officiers qui, la plupart, appartenaient à des familles distinguées.

On connaît le sort qui était réservé au héros calviniste. Conduit à Paris, il eut la tête tranchée, le 26 juin, sur la place de Grève, en présence de l'implacable Catherine de Médecis. Tel fut le triste dénouement de ce drame héroïque.

CONCLUSION

Désormais, le rôle militaire de Domfront était fini. Il y eut bien encore quelques tentatives de surprise pendant les guerres de la Ligue, mais, comme on va le voir, elles furent rapidement déjouées.

Ainsi Jean de La Ferrière, baron de Vernie, surprit Domfront au mois d'avril 1589, et fit déclarer la ville, malgré elle, pour la Ligue. A la tête de nombreux partisans, il commit de grands maux dans le Passais, emprisonnant les paysans ayant quelque aisance, afin de les rançonner. Henri IV, se trouvant à Alençon, envoya, dans les derniers jours de décembre, le sieur de Villiers, maréchal de camp, pour sommer la ville d'ouvrir ses portes. Les habitants, divisés d'opinion, prirent les armes les uns contre les autres. Cette lutte fratricide fit un grand nombre de victimes dans chaque camp ; Vernie fut du nombre. Cependant la ville rentra au pouvoir du roi.

Un autre chef de Ligueurs, le marquis de Belle-Ile, essaya, peu après, de reprendre la ville ; mais il fut vivement repoussé. Le gouverneur, Jean de Broon, à la tête de la garnison et des habitants, se porta à sa rencontre, et le força à battre en retraite.

Pareille tentative échoua en 1593. Le capitaine Blanchetière voulut profiter de l'obscurité de la nuit pour s'emparer du château. Il était déjà prêt à l'escalader, lorsque la sentinelle donna l'éveil et mit sur pied la garnison et les habitants, qui se portèrent vivement sur les remparts.

De telles entreprises ne pouvaient que hâter la condamnation de la vieille forteresse. Déjà, le 11 août 1574, Catherine de Médicis avait envoyé l'ordre à Matignon de la faire démolir ; mais les circonstances en avaient fait différer l'exécution. Le 21 juin 1608, Sully écrit au Trésorier général d'Alençon que le roi a décidé de faire démanteler toutes les fortifications et ouvrages de défense concernant le château de Domfront, et qu'en conséquence il faut procéder à l'adjudication au rabais des travaux nécessaires à cette démolition.

Un document de 1612 parle du château *depuis peu démoli*. C'est donc entre 1608 et 1612 que notre fier donjon, six fois centenaire, fut réduit à l'état où nous le voyons aujourd'hui.

A. SURVILLE.

APPENDICE

L'acte de capitulation du 10 juillet 1418 existe en original aux archives de Londres. Il a été publié par la Société des Antiquaires de Normandie *(T. XXIII, p. 31, n° 210). Nous le reproduisons intégralement, en faisant remarquer que pour la commodité du lecteur, nous avons rajeuni l'orthographe de certains mots.*

Capitulation de domfront. — « C'est l'appointement et accord fait par entre Richard de Beauchamp comte de Warwick, seigneur de l'Isle et capitaine de Calais, d'une part, et Clément Le Bigot, lieutenant du capitaine de Domfront, d'autre part ; le 10e jour de juillet l'an de grâce mil CCCC et dix-huit.

Premièrement, que ledit Clément Le Bigot rendra le châtel de Domfront, à présent assiégé par ledit comte, ès mains dudit comte, en nom de très haut et très excellent prince le roy d'Angleterre et de France, seigneur d'Irlande, ou d'autre adce recevoir par ledit comte commis, le 22e jour dudit mois de juillet, si ledit Clément Le Bigot, lieutenant du capitaine dudit châtel de Domfront, et autres gens de ladite garnison dudit châtel, n'ont secours par le duc d'Alençon en personne ou par autres gens, ses alliés et bienveillants, lequel secours doit être entendu par bataille, laquelle bataille est ordonnée entre les Bruyères de la ville de Domfront et la Justice, laquelle place ledit comte de Warwick ou ses gens ont accepté pour attendre ladite bataille, et s'accordent être pour attendre ledit secours l'espace de trois heures, après que par ledit secours par heraut ou autre personne suffisante à ce commis leur aura été fait assavoir dedans icelluy temps, entre soleil levant et soleil couchant, trois heures auparavant ladite bataille. Et au cas que par ledit comte de Warwick ou sesdits gens aurait défaut de sortir de la ville de Domfront et d'attendre ladite bataille dedans le temps devant declaré et en ladite place, ils seraient tenus rendre les ôtages francs et quittes ; et pour ce loyalement accomplir, ledit Clément livrera audit comte de Warwick ou ses commis, au nom que dit est, sept ôtages bons et suffisants de la garnison dudit châtel, gentilshommes, bourgeois et autres, c'est assavoir : Jehan Grosparmy, Jehan Gamohat, Robin Béquart, Robin Aumont, Robin Le Cilleur, Geffroy de Villegame et Guillaume Bourmont le Jeune.

Item, et que s'il advient que ledit châtel soit rendu en la main dudit comte de Warwick, au jour du départ dudit châtel ceux de ladite place, tant gens d'armes, archers, arbalétriers, bourgeois et autres gens, de quelque état qu'ils soient, auront leurs corps, chevaux, leurs harnais, arcs et arbalètes, traits, et généralement tous leurs biens propres quelconques, excepté vivres, lesquels demeureront en ladite place, pourvu toutefois que les personnes Anglais qui sont de présent prisonniers soient francs, quittes et délivrés sans rien payer.

Item que toute manière d'artillerie et habillement de guerre de l'estorement (approvisionnement) dudit châtel demeurera pour la défense d'icelluy, sauf et réserve de l'artillerie appartenant aux gens de ladite garnison, dont ci-devant est fait déclaration et dont ils feront bon et loyal serment, et aussi toutes les bombardes et canons avec les poudres étant en ladite place demeureront pour la sauvegarde d'icelle place.

Item, sera ledit Clément juré que luy ni aucun de ceux de ladite place, hommes ou femmes, de quelque état qu'ils soient, ne demanderont ni n'emporteront biens que leurs propres.

Item, s'il y a aucuns traîtres audit châtel des pays d'Angleterre, d'Irlande, de Galles ou de Gascogne, qui aient tenu la partie contre l'Angleterre avant le jourd'hui, ils ne seraient en rien compris en cet appointement.

Item, que par nulle fraude ou malengin (ruse, tromperie) durant le temps de la composition dudit châtel, la force d'icellui ne sera empirée en nulle manière, ni l'artillerie dessus dite empirée ni défaite, ni aussi la vitaille (vivres), fors ce que besoin en sera raisonnablement pour ceux de dedans.

Item, que durant le temps dudit appointement, sans y faire fraude ou malengin, ne partira de ladite place ni n'entrera dedans icelle, nulle personne par le consentement dudit lieutenant ou capitaine, ou d'autres capitaines ou officiers dudit châtel, sans le su ou congé dudit comte de Warwick ou de ce ceux par lui à ce commis.

Item, que ceux de dedans ne feront guerre à ceux de dehors, ni ceux de dehors à ceux de dedans, soit par manière de traits, de canons, arcs ou arbalètes, ni autrement en quelque manière que ce soit, de nuit ou de jour, soit par manière d'eschelement (escalade) ou autrement, et se tiendront chacun en ses gardes comme devant ce présent traité.

Item les gens de ladite garnison auront quatre jours pour vuidier (enlever) leurs biens après ledit 22e jour de juillet prochain venant et sauf-conduit de temps compétent pour les mener où l'on voudra.

Et à parfaire et entériner cet appointement en la manière devant dite, promettra tenir ledit comte pour sa part ; et ledit Clément en ceux de dedans, en tel nombre d'iceux qu'il doit suffire, jugeront pour leur part, tenir icelui traité bien et loyalement.

En témoin desquelles choses, icelui comte et ledit Clément agréablement à ces présentes écritures ont mis leurs sceaux, le jour et an premiers devant dits. »

M. de Longuemare remercie M. Surville de sa communication si documentée, que les lecteurs de l'*Annuaire* liront avec intérêt. Puis il donne la parole à M. Besnier-Ménès, secrétaire de l'Association ; celui-ci résume en quelques mots l'histoire du château de Lassay, objet principal de l'excursion du lendemain, le marquis de Beauchesne, l'érudit propriétaire de cette forteresse, qui devait en faire les honneurs aux Congressistes, se trouvant retenu à Paris.

La séance est levée à 10 heures ½.

2ᵉ JOURNÉE, JEUDI 4 JUIN

L'Association Normande a, par un temps superbe, accompli son excursion projetée aux châteaux de Lassay, Bois-Thibault, Chantepie et Couterne.

Les deux forteresses féodales du XVᵉ siècle, l'une si imposante dans l'état de conservation extraordinaire où elle est nous est parvenue, l'autre si poétique au milieu des feuillages qui décorent ses ruines, ont retenu toute la matinée l'attention des Congressistes, qui ont étudié les transformations apportées dans les systèmes de fortification à la fin du moyen âge (1458-1497) par suite des progrès de l'artillerie.

A Chantepie (en Thubœuf), c'est l'art d'utiliser les charmes d'un site ravissant pour dessiner un parc magnifique que leur permettait d'admirer la gracieuse hospitalité de M. le marquis et de M. le comte de Malterre. A Couterne, le château en brique construit dans la seconde moitié du XVᵉ siècle, flanqué, vers 1750, de pavillons qui en ont profondément modifié la silhouette, entouré de douves et de terrasses, évoque surtout la lignée des Frotté, la confiance de la reine de Navarre et les héroïsmes de la chouannerie.

Le temps superbe avait donné à l'excursion un charme tout particulier, et sous le chaud soleil qui les inondait, les vieilles demeures semblaient encore plus belles ; aussi est-ce très satisfaits de leur journée que les Congressistes sont rentrés à Domfront (1).

SÉANCE DU JEUDI SOIR 4 JUIN

Bien avant l'heure fixée, un nombreux public emplissait la salle des fêtes ; à 8 heures ½, la séance est ouverte.

En quelques mots, M. de Longuemare remercie les personnalités présentes ; il remercie en particulier M. Salles, ancien maire de Flers, conseiller général, et il lui donne la présidence de la réunion.

M. Salles prend la parole, exprime d'abord sa gratitude à M. de Longuemare pour l'honneur qu'il lui fait, puis il prie l'auditoire de vouloir bien se montrer indulgent, car ses yeux de 85 ans lui font un peu défaut et il craint de ne pouvoir lire son rapport sans quelques erreurs.

M. Salles se trompe, heureusement, et tous ont pu entendre et applaudir le rapport suivant :

(1) M. Besnier, secrétaire de la Société, avait bien voulu se charger des comptes rendus des excursions. La mobilisation l'a surpris avant qu'il n'ait pu rediger ces notes ; il est actuellement sur le front comme capitaine d'artillerie. Nous espérons que le volume de l'année prochaine contiendra ce compte rendu.

Société d'Agriculture de l'Orne
et Fondations Loutreuil

« Messieurs,

« Des personnes mieux qualifiées que moi vont, je l'espère, traiter les questions agricoles de votre programme, et, par suite, ne vont pas manquer de vous signaler les grands progrès que l'Agriculture a faits, depuis quelques années, dans notre département, grâce à la Société d'Agriculture de l'Orne.

Je vous demande seulement la permission de vous expliquer comment et dans quel but cette société s'est formée et à qui nous en sommes redevables.

Il n'est pas inutile de rappeler ici, en quelques mots, que, vers le milieu du XVIIIᵉ siècle, des concours agricoles avaient été créés dans la commune de Saint-Denis-sur-Sarthon, par son vénérable curé, l'abbé Coulombet, et que, vers la même époque, le Contrôleur général des Finances invitait l'Intendant d'Alençon, qui était alors Lallemant de Lévignan, d'avoir à former une Société royale d'agriculture dans sa généralité.

Le vieil intendant, sans doute pour éviter un trouble dans ses quiètes fonctions, fît une réponse non seulement décourageante, mais encore peu flatteuse pour les habitants de la ville d'Alençon.

Une seconde injonction du Contrôleur général resta également sans résultat ; néanmoins, malgré tous ces obstacles, la Société n'en fut pas moins créée, en vertu d'un arrêt du Conseil d'État du 31 janvier 1762.

Ces renseignements nous sont donnés par M. de Vigneral, dans une notice de 1886, et par M. de la Sicotière, dans une étude de 1894, le tout sur des documents fournis par notre honorable collègue, M. Duval, archiviste honoraire, et enfin par ce dernier lui-même, dans une brochure publiée en 1909.

Ces concours et société, malgré le succès qu'ils avaient obtenu, ont disparu au moment de la Révolution ; ils ont bien été rétablis plus tard dans un certain nombre de départements, mais chez nous, rien n'a été fait ; ils n'en sont pas moins un peu l'origine de notre Société actuelle. Je vais vous expliquer comment :

Création de la Société d'Agriculture de l'Orne

En 1902, étant allé passer quelques jours sur le Mont de Cerisy, dans la famille Corbière, j'y rencontrai notre excellent ami et collègue, M. Henri Corbière. Dans nos promenades, il me parlait souvent de la Société d'Agriculture qui avait existé autrefois dans la généralité d'Alençon ; il me disait qu'il était bien regrettable que cette Société fût tombée, et que, si on pouvait la reconstituer sur de nouvelles bases, en rapport avec la situation actuelle, on rendrait un véritable service à l'agriculture dans le département.

Il parlait avec une telle conviction que je fus vite gagné à sa cause. Je lui dis que je partageais entièrement son avis et qu'il fallait reconstituer une Société d'agriculture, mais que lui seul pouvait s'en charger, tant comme ancien élève de Grignon, qu'à raison de ses connaissances. Pour le déterminer, je lui dis que s'il avait besoin de mon concours, comme ancien notaire, dans la rédaction des statuts de la Société, je me mettais à son entière disposition. Il fut touché de ma proposition, et il ne tarda pas à se mettre à l'œuvre.

Ce travail fut rapidement mené, car, dès le 27 novembre de la même année, M. Henri Corbière réunissait à la Préfecture, en assemblée générale, tous les adhérents à son idée, et leur faisait approuver les statuts préparés.

La Société était constituée et prenait la dénomination de *Société d'Agriculture de l'Orne.*

· En février 1904, M. Auguste-Tranquille Loutreuil, le grand industriel et manufacturier de Moscou, notre compatriote, qui portait un vif intérêt à l'Agriculture, qu'il considérait, selon ses propres expressions « comme la première des industries et la meilleure source de la fortune de la France », se fit inscrire comme membre de la Société.

Donation Loutreuil. Reconnaissance d'utilité publique

Peu de temps après son entrée dans la Société d'Agriculture, pour lui témoigner l'intérêt qu'il lui portait, et en même temps pour lui donner un gage de sa confiance, M. Loutreuil, qui désirait assurer, après lui, la continuation des œuvres agricoles qu'il avait créées dans le canton de Sées, lui confia ce soin, et, dans ce but, lui fit donation d'un titre de 3.000 francs de rente 3 % sur l'Etat français, représentant un capital d'environ 100.000 francs, suivant qu'il résulte d'un acte reçu par Mᵉ Morel, alors notaire à Flers, le 21 décembre 1906.

C'est grâce à cette donation que notre Société d'Agriculture fut reconnue comme établissement d'utilité publique, par décret de M. le Président de la République, en date du 21 novembre 1906.

Décès de M. Loutreuil. Donation de M. Bauchon

M. Loutreuil est décédé le 7 février 1911, après avoir fait d'importantes dispositions philanthropiques sur les quelles je vais revenir, et après avoir institué pour son légataire universel M. Gabriel Bauchon, demeurant à Paris, rue de Lisbonne, n° 18, son ami intime et son collaborateur à Moscou.

Ce dernier, connaissant les sentiments de M. Loutreuil pour la Société d'Agriculture de l'Orne, a pensé qu'il ne pouvait mieux faire, pour exprimer sa reconnaissance et honorer la mémoire de son ami et bienfaiteur, que de contribuer à la prospérité et à l'extension de cette Société, qu'il estimait la mieux qualifiée pour prendre la direction d'œuvres philanthropiques et agricoles.

C'est dans cette pensée que, par deux actes passés devant M⁰ Poupel, notaire à Flers, les 8 novembre 1913 et 8 mai 1914, dûment approuvés, il a fait donation à notre Société d'Agriculture d'une somme de 2.500.000 francs, destinés, savoir :

1° 150.000 francs à la construction, à Alençon, d'un immeuble aménagé pour l'installation des bureaux et services de la Société, immeuble qui portera le nom d'*Hôtel Loutreuil*, ci . . . . 150.000 fr.

2° 300.000 francs à placer en rentes sur l'État, dont les arrérages serviront à faire face à tous les frais d'administration de la Société et d'entretien de son hôtel, ci.　300.000 fr

3° 700.000 francs également à placer et dont les revenus seront affectés en subventions aux diverses œuvres agricoles du département, ci . . . . 700.000 fr.

4° 100.000 francs à placer en rentes sur l'État, dont les revenus seront affectés, chaque année, à des essais agricoles divers, tels que semences sélectionnées, vulgarisation et propagation de nouveaux systèmes

A reporter. . . 1.150.000 fr.

Report. . . 1.150.000 fr.

de culture, d'élevage, etc., ci . . . . . . 110.000 fr.

5° 400.000 francs à placer en rentes sur
l'État, dont les arrérages seront employés
chaque année à un concours de taureaux
et à un concours de vacheries d'élevage.
Ces concours auront lieu alternativement
dans chacun des quatre arrondissements,
ci . . . . 400.000 fr.

6° 150.000 francs à placer en rentes sur
l'État, dont les arrérages seront affectés à
des concours qui auront lieu annuellement
et alternativement dans chacun des quatre arrondissements, pour les spécialités
agricoles, telles que la culture des céréales,
racines, plantes fourragères, etc., soins de
toute sorte donnés aux terres, soins, propreté et améliorations aux bâtiments de
ferme, ci . . . . 150.000 fr.

7° 100.000 francs à placer en rentes sur
l'État, dont les revenus seront employés
annuellement et alternativement dans les
quatre arrondissements en primes à décerner dans les concours dits « Concours Po-
mologiques Loutreuil », ci . . . . . . 100.000 fr.

8° 100.000 francs à placer en rentes sur
l'État, dont les arrérages seront employés
chaque année à couvrir les frais de déplacement des divers jurys chargés de faire
les visites nécessaires pour les concours,
ci . . . . 100.000 fr.

9° 100.000 francs à placer en rentes sur
l'État, dont les revenus cumulés seront

A reporter. . . 2.000.000 fr.

Report. . . 2.000.000 fr.

employés tous les trois ans, en prix à décerner aux instituteurs et institutrices
publics et privés du département qui se
seront distingués par leurs connaissances
agricoles et par la façon dont ils auront
inculqué à leurs élèves ces notions d'agriculture et qui auront le plus contribué à
leur faire aimer la vie des champs, etc., ci.   100.000 fr.

10° Enfin 400.000 francs à placer en
rentes sur l'État, dont les arrérages seront
employés tous les ans en prix à distribuer
aux chefs de familles ouvrières agricoles
nombreuses et nécessiteuses du département de l'Orne.

Il sera tenu grand compte de la conduite,
de la tempérance et de la moralité générale
des candidats à ces prix, ci . . . .   400.000 fr.

TOTAL ÉGAL. . . . . . 2.500.000 fr.

Par un autre acte passé le même jour,
huit novembre mil neuf cent treize, devant
M⁰ Biou, notaire à Sées, M. Bauchon a
encore donné à la Société d'Agriculture
de l'Orne une somme de 150.000 francs,
dont les arrérages sont destinés à la fondation et à l'entretien d'un comice agricole
spécial, pour le canton de Sées, comice
qui prendra le nom de *Comice Loutreuil,*
ci . . . .   150.000 fr.

Réunion des deux donations faites par
M. Bauchon . . . .   2.650.000 fr.

M. Bauchon ne s'est pas trompé ; par ce noble geste,
le nom de son ami passera honoré à la postérité et notre

Société, par suite des donations ci-dessus, portera désormais le titre officiel de *Société d'Agriculture de l'Orne et Fondations Loutreuil.*

Comme vous le voyez, Messieurs, par l'indication que je viens de vous faire de l'affectation de nos ressources, notre Société va, non seulement favoriser le développement de toutes les branches agricoles dans notre département, mais encore faire tous ses efforts pour retenir à la terre nos populations ouvrières.

Laissez-moi, Messieurs, la satisfaction de vous faire remarquer, à cet égard, que notre Société d'Agriculture, par ses prévisions, avait devancé les inquiétudes que M. Souchon, professeur à la Faculté de Droit de Paris, maître de conférences à l'Institut Agronomique, manifeste dans un très intéressant ouvrage, intitulé : *La Crise de la main-d'œuvre agricole en France,* ouvrage qu'il vient de publier tout dernièrement.

Comme vous l'avez vu par l'exposé que je viens de vous faire, nous devons notre Société d'Agriculture à M. Henri Corbière, qui en a été l'inspirateur et le créateur, et à MM. Loutreuil et Bauchon, grâce aux indications et à la générosité desquels nous avons pu l'organiser telle qu'elle est aujourd'hui, c'est-à-dire dans des conditions merveilleuses.

Je crois pouvoir vous donner l'assurance que notre Société est, sinon la plus belle, au moins parmi les plus belles de France.

Je me félicite de pouvoir, dans une circonstance solennelle comme celle-ci, donner publiquement ces détails et reporter tout entier, sur qui le mérite, l'honneur de cette création. Toujours trop enclin, en effet, à s'oublier lui-même, M. Henri Corbière remercia le collaborateur, que, pour lui, je fus très heureux d'être, par la rédaction des statuts, en me décernant, en assemblée générale, le titre de « Père de la Constitution ».

Si flatté que je sois d'avoir recueilli un titre vacant depuis feu M. le sénateur Wallon, je me sens tenu, en conscience, à des réserves sur l'excès d'honneur que cette appellation me conférerait auprès des personnes insuffisamment renseignées. Le Père de la Constitution veut, dût en souffrir la modestie de mon ami Henri Corbière, apporter un témoignage qui ne laisse aucun doute sur le véritable père de la Société d'Agriculture de l'Orne ; d'en avoir été un peu l'oncle, m'inspire déjà beaucoup de fierté.

Messieurs, j'aurais fini si je n'avais le devoir de vous dire, comme je vous l'ai promis plus haut, quelques mots de M. Loutreuil, voulant d'ailleurs, moi aussi, contribuer pour ma faible part à honorer la mémoire de mon bon et regretté ami, qui m'avait fait l'honneur de me désigner pour un de ses exécuteurs testamentaires .

M. Loutreuil est né à Neuville, près Sées, le 6 décembre 1833 ; son père était maréchal-ferrant.

A sa sortie de l'école primaire, il entra comme copiste chez un huissier ; il travailla et ne tarda pas à trouver une bonne place à Alençon ; mais au bout de quelques années, son frère aîné, qui était resté à la maison pour aider ses parents, tomba au sort et allait être appelé sous les drapeaux. Ce fut un véritable désespoir dans la famille ; pour y porter remède, et ramener le calme à la maison, le jeune Loutreuil s'offrit pour aller faire le service, en remplacement de son frère.

Cette belle action était le prélude de ce qu'il devait faire plus tard ; il en fut d'ailleurs récompensé ; rentrant après sa libération, au lieu de revenir au pays, il fut à Paris, où il trouva un emploi d'aide-caissier chez un entrepreneur qui eut la concession de chemins de fer à faire en Russie.

Le jeune Loutreuil se fit promptement remarquer par son ordre et son travail, et son patron le chargea de la direction de toute sa comptabilité.

Après l'achèvement des chemins de fer, M. Loutreuil, grâce à son intelligence et à force de travail et de volonté, acquit promptement une situation industrielle prépondérante et une grande notoriété, notamment dans la ville de Moscou, où il s'était fixé. C'est là qu'il fit, dès son arrivée, la connaissance de M. Bauchon, sut l'apprécier et se l'attacher comme collaborateur de ses œuvres.

M. Loutreuil était d'une nature essentiellement bonne ; il aimait à faire le bien sous toutes les formes, la Colonie française de Moscou ainsi que tous ceux qui ont vécu dans son entourage, sont là pour en témoigner, je ne citerai donc ici que quelques faits principaux :

Ayant remarqué que notre consul à Moscou était logé dans une misérable maison de location, il trouva que ce n'était pas digne de la France, sa patrie ; il fit l'acquisition d'une propriété située dans un des meilleurs quartiers de Moscou, dans laquelle il installa le Consulat général de France et la gestion des œuvres de bienfaisance de la Colonie, puis il en fit don à la France, pour la Colonie de Moscou.

Il a créé de nombreuses œuvres agricoles pour la ville et pour le canton de Sées. Il a donné, comme je viens de vous le dire, 100.000 francs à notre Société d'Agriculture.

Enfin, arrivé au terme de sa carrière, il a fait de nombreuses dispositions en faveur de ses amis et de ses employés ; puis il a donné 100.000 francs à l'Institut Pasteur ; 1.000.000 à la Caisse des Recherches Scientifiques ; deux millions et demi aux Universités de France ; trois millions et demi à l'Académie des Sciences.

Dans la séance publique annuelle de l'Académie du 18 décembre 1911, M. Gaston Darboux, secrétaire perpétuel, fit le plus grand éloge de M. Loutreuil, et lui adressa de vifs remerciements.

Nous aussi, nous lui devons une bien sincère reconnaissance et je termine en disant : Au nom de la Société d'Agriculture de l'Orne :

Hommage à la mémoire de M. Loutreuil. »

M..de Longuemare remercie vivement M. Salles au nom de tous ; il lui est particulièrement reconnaissant d'avoir fourni à l'Association Normande l'occasion de saluer la mémoire du grand philanthrope que fut M. Loutreuil; puis il donne la parole à M. Louis Duval, l'éminent archiviste honoraire du département de l'Orne, qui lit les notes intéressantes que nous reproduisons ci-dessous :

Domfront au temps de la Ligue

d'après les traditions populaires et les documents historiques

Rechercher dans les traditions populaires les traces des faits historiques est une tâche séduisante, mais assez ardue.

A Domfront, place forte de premier ordre, la guerre civile dont les Protestants furent les instigateurs, la lutte désespérée qu'y soutint Montgommery, les horribles représailles qui en furent la suite ont apporté au folk-lore une contribution dont nos confrères Alfred Canel, Léon de La Sicotière, Julien et Émile Travers ont dressé un inventaire à peu près complet. Or, nous croyons qu'il est possible d'y puiser au moins des indications sur l'état d'esprit des populations dans ces temps troublés.

Il est avéré, par exemple, qu'à Domfront, la Ligue eut des partisans fanatiques ou intéressés qui se plaisaient à y répandre de fausses nouvelles, aussi bien contre le roi de France Henri III que contre son beau-frère Henri IV, et qu'il y eut même des « joyes et sabbatz » à Domfront à la nouvelle de l'assassinat de Henri III. La légende, si peu respectueuse de la majesté royale, qui nous représente les *sourdins* de Ville-Dieu-les-Poëles chargeant sur les épaules du Béarnais leurs sacs et leurs chaudrons, pour lui faire payer le mince service qu'ils lui avaient rendu en lui enseignant le rude sentier qui, à travers les rochers, permettait d'arriver à la porte de la ville, pourrait bien se rattacher à l'idée qu'on avait alors donnée de sa personne à une partie des Domfrontais abusés (1).

Nous devons faire observer, toutefois, que d'après la version adoptée par M. Julien Travers dans son *Excursion dans le nord du Passais normand*, publiée en 1838, reproduite par l'auteur anonyme d'un article de la *Revue théâtrale d'Alençon*, du 30 juin 1839, adoptée par Alfred Canel, dans sa *Notice sur les sobriquets et autres qualifications populaires appliquées à la Normandie*, 1839-1840, l'aventure aurait eu un dénouement tragique qui en changerait complètement le caractère.

Arrivé juste à midi, ployant sous le fardeau grotesque dont les chaudronniers de Ville-Dieu l'avaient chargé, le roi, malgré ce déguisement, aurait, à l'instant même, été reconnu par les bourgeois de Domfront, et les chaudronniers, pour punition de l'insulte qu'ils avaient faite à Sa Majesté, auraient été pendus sur l'heure. De là le dicton : « *Ha! Domfront! ville de malheur ! Arrivés à midi, pendus à une heure* ».

Grâce à l'audacieux plagiat de Séguin, mercier de Vire, qui eut l'ingénieuse idée, en 1810, d'extraire des manuscrits de l'abbé Lefranc, disparu en 1792, dans le massacre des Carmes, les éléments d'un *Essai historique sur l'industrie du Bocage* et plusieurs autres monographies qu'il publia non sans altérations, nous avons quelques données complémentaires sur ce petit

(1) *Les Normands, la chicane et la potence, d'après les dictons populaires* ; Caen, Le Blanc-Hardel, 1882. Ce travail, lu à la séance publique tenue le 16 décembre 1880 par la Société des Antiquaires de Normandie, a été reproduit dans l'*Annuaire des cinq départements de la Normandie*, publié par l'Association normande, 49ᵉ année, 1883, p. 341-372,

problème, que nous sommes condamné à reproduire dans la forme telle quelle où elles nous ont été conservées :

« A Domfront, le sieur de Matignon ayant pris un rebelle nommé Le Héricé, le sieur Pitard l'ayant demandé et obtenu pour faire un exemple de ce fameux chef de révolte, comme il était coupable de rébellion contre le Roi, de notoriété publique, il fut pendu une heure après son arrivée. De là est venu cet antique dicton : *Domfront, ville de malheur, arrivé à midi, pendu à une heure. Seulement pas le temps de dîner* ».

Caillebotte, dans la quatrième édition de son *Essai sur l'histoire et les antiquités de Domfront* (1840), reproduit cette interprétation, mais dans les trois éditions précédentes, dont la première est de 1807, il déclarait n'avoir pu, jusqu'à ce jour, découvrir l'origine de ce dicton, injurieux pour Domfront.

« Aucuns écrivains, dit-il, ne nous ont transmis les détails de cet événement qui, dit-on, arriva sous le règne de Henri Ier, roi d'Angleterre et seigneur de Domfront. »

Canel lui-même, dans son *Blason populaire de la Normandie*, publié en 1859, a donné, comme on sait, quatre variantes de ce proverbe fameux :

Domfront, ville de malheur !
Arrivé à midi, pendu à une heure.

Domfront, ville de malheux !
Arrivé à une heure, pendu à deux.

Domfront, ville de malheur !
Arrivé à midi, pendu à une heure.
Pas seulement le temps de dîner !

> Domfront, ville de malheur !
> Pris à midi, pendu à une heure.

« Quoi donc qu'il avait fait ? — Il avait volé un licou.
— I n'avait fait qu'ça ? — La vaque était au bout. »

Depuis, M. le comte Gérard de Contades, dans la *Bibliothèque ornaise, canton de Domfront*, 1887, nous a donné du nouveau sur ce proverbe. Il a trouvé, en effet, une cinquième variante dans une célèbre gazette de Hollande, la *Bigarrure* (La Haye, Pierre Gosse, 1749, t. I, p. 63) (2), qui associe la ville de Vire à la malédiction lancée contre Domfront :

> Vire et Domfront, villes de malheur !
> Pris à midi, pendu à une heure.

Le nom de ce collaborateur de la *Bigarrure* ne nous est pas connu, mais on peut présumer qu'il était normand, ou du moins qu'il connaissait bien la Basse-Normandie, car voici la remarque dont il accompagne ce dicton populaire :

« Quantité de gens sçavent le proverbe des Normands, que leurs femmes chantent continuellement à leurs petits enfants, comme une instruction dont ils doivent bien profiter quand ils seront grands. »

Ces quolibets, d'ailleurs, s'adressaient aux Bas-Normands en général ? Richard Séguin, ou plutôt l'abbé Lefranc, déclare en termes positifs que « le peuple du Bocage était amateur de la justice », et il donne comme preuves que la justice y était rigoureuse, trois faits

---

(2) M. Eugène Hatin, mort à Alençon en 1893, aurait pu nous édifier sur l'identité de ce journal littéraire et sur ses rédacteurs. Il a publié en 1865 une étude intitulée *Les Gazettes de Hollande*, que nous regrettons de n'avoir pu consulter.

empruntés à l'histoire des villes de Vire, de Domfront et de Villedieu :

« Les juges de Vire avaient condamné à mort un nommé Le Coix, par arrêt donné en la Chambre, le 20 janvier 1605. Comme ils eurent avis qu'un sieur de Crux de Bellefontaine, son complice, homme puissant, voulait le soustraire par violence, ils le firent pendre sur-le-champ, quoiqu'il eût appelé de leur sentence, d'où vint le proverbe : *Faire pendre par provision* » (3).

Suit l'histoire de René Le Héricé, dit Pissot, fameux chef calviniste, rapportée plus haut sommairement. Il y est fait allusion à la façon barbare dont on en usait couramment avec les prisonniers, au temps de la Ligue, mais Pitard de Boispitard s'en est expliqué sans réticence aucune dans son *Journal du siège de Domfront*, quoique le rôle qu'il y joua soit loin d'être à son honneur. Il se vante d'avoir obtenu du maréchal de Matignon, après la prise de cette ville, la personne de René Le Héricé, fait prisonnier par un de ses officiers nommé Cadilan et mis à rançon par ce dernier, pour la somme de six vingt livres. Il courut après Cadilan jusqu'à Lonlay, où René Le Héricé et son frère Ambroise, dit le Balafré (4), avaient incendié l'abbaye, pour le forcer, en vertu de l'ordre qu'il avait arraché à Matignon, à lui remettre son prisonnier afin qu'il en fît justice lui-même, en punition des offenses et des

(3) Ce fait odieux avait été relevé en 1684, dans la *Coutume réformée*, par F. Bérault, J. Godefroy et d'Aviron, au titre de la Juridiction, p. 39. Émile Travers, d'après ce texte, donne à Le Coix le prénom de Guillaume et indique qu'il était de la paroisse de Caligny, aujourd'hui canton de Flers.

(4) On lui donnait aussi le surnom de Le Roi Balafré, comme étant le roi de Domfront et de toute la contrée (*Domfront, son siège de 1574 et sa capitulation*, par Hippolyte Sauvage, p. 176).

dommages qu'il lui avait faits. Ce fut en vain que Le Héricé lui offrit jusqu'à 3.000 livres de rançon. L'exécution de ce malheureux eut lieu sur le tertre de la Grisière, et il ajoute que quand il aperçut de loin l'instrument de son supplice dressé d'avance, il s'écria : « *Ah ! Domfront, ville de malheur, arrivé à midi et pendu à une heure* ». D'où cet ancien sobriquet, ajoute-t-il, est resté à Domfront. »

Le dicton relatif à Villedieu présente le même caractère :

« A Villedieu, les habitans firent, dit-on, anciennement, élever une potence en pierre, pour contenir les méchans par la vue de ce perpétuel et terrible instrument de justice. Comme elle devait durer longtemps, quelque plaisant dit : « *Ceux de Villedieu ont planté une potence pour eux et pour les leurs.* »

En note, Séguin donne cette variante : *C'est comme la potence de Villedieu : Pour nous et pour les nôtres.*

Mais, nous n'avons pas épuisé le chapitre des légendes domfrontaises relatives à la Ligue. Suivant une tradition populaire rapportée par Léon de la Sicotière dans l'un de ses plus importants ouvrages, le *Département de l'Orne archéologique et pittoresque*, Montgommery aurait eu une fin pareille à celle de l'empereur Vitellius. Après la prise du donjon, on l'aurait trouvé blotti au fond d'une des sentines du château. Tout ce qu'on peut dire de ce conte, c'est qu'on ne peut y voir qu'une détestable réminiscence de Suétone appliquée à un chef de parti qui soutint son caractère jusqu'à la mort, par quelque écolier malicieux du collège de Domfront, de même qu'un autre écolier a ajouté aux *Commentaires* de César ce brocard injurieux à l'adresse des bourgeois de Tinchebray : *Tandem advenimus Tinchebrayum, speluncam latronum.*

La lourde épée à deux mains, conservée à l'hôtel de

ville de Domfront et que l'on dit être celle de Montgommery, semble bien y avoir été placée comme un
symbole de force et de vaillance qui rappelle dignement le souvenir de l'intrépide capitaine de la Garde
écossaise, qu'une sorte de fatalité mit à la tête des
révoltés armés contre l'Église et contre le Roi et
entraîna dans une lutte désespérée, dont le terme fut
le donjon de Domfront, bâti et défendu par ses
ancêtres. Je remarque toutefois que si cette épée a été
trouvée dans la Varenne, qui coule au pied des rochers
de Domfront, rien ne semble prouver positivement
qu'elle ait appartenu à Montgommery. On sait que
lorsqu'il eut remis, à Matignon, son épée, celui-ci
l'emmena avec lui à Saint-Lo et se servit de lui pour
engager Colombières à suivre son exmple, c'est-à-dire
à céder à la force. Or, il est vraisemblable que, pour
pouvoir jouer ce rôle, Matignon avait dû conserver à
Montgommery quelques marques de sa dignité et que,
de plus, il n'avait pas fait jeter dans la Varenne sa
redoutable épée.

Il nous reste à étudier le rôle qu'aurait joué, à
l'époque du siège de Domfront et pendant la Ligue, un
membre d'une famille ancienne du pays, dont le premier représentant connu aurait été Pierre Le Din,
marié en 1350 de Saint-Omer de Morbec, d'après une
généalogie reproduite par M. Louis Blanchetière (5).
S'il fallait en croire un inventaire inédit des papiers
du château de la Challerie (6), fait en 1760, par ordre
de haut et puissant seigneur messire Pierre-François
Le Din, un des principaux auxiliaires de Matignon,

(5) *Les pierres tombales de N.-D.-sur-l'Eau de Domfront (Orne)*,
par L. Blanchetière ; Domfront, imprimerie de F. Liard, 1878, p. 69.

(6) Cette pièce, recueillie par M. Caillebotte à l'époque de la Révolution, fut communiquée à M. L. Blanchetière par M. Urbain Patou,
avocat, petit-neveu de M. Caillebotte.

dans la prise de cette place importante, aurait été Pierre Le Din (Pierre IV, d'après une généalogie de sa famille), qui, dit-on, aurait eu particulièrement à souffrir des méfaits des protestants. Il est rapporté, dans cet inventaire, cité par M. L. Blanchetière (7), « que Matignon donna à Le Din le commandement de l'avant-garde avec laquelle il investit la ville et le château. Ce qu'il fit avec tant de diligence qu'il surprit Montgommery qui en voulait sortir ». L'auteur de cette notice ajoute que « la brèche étant faite au château, Le Din monta à l'assaut et y entra par escalade, les armes à la main ».

M. L. Blanchetière n'a pu enregistrer cette affirmation sans y joindre un commentaire que nous nous faisons un devoir de reproduire : « Sans mettre en doute la valeur du noble Pierre Le Din et surtout sa grande générosité, nous croyons sage de n'admettre cette version qu'avec une extrême réserve. Elle émane d'un descendant enclin à surfaire la gloire de sa race et convaincu même d'avoir eu la faiblesse de vouloir changer l'orthographe de son nom, en vue de faire remonter sa noblesse à une plus haute antiquité. Il voulait substituer au nom de *Ledin* celui de *Lesdain*.

« Il se trouve, d'ailleurs, une erreur matérielle à la fin de sa narration. On sait, en effet, que Montgommery, ayant repoussé les assauts dirigés contre la citadelle, finit par capituler. Il livra avec confiance sa personne à l'assiégeant. L'entrée du château ne fut donc pas effectuée par escalade et à main armée, comme Ledin l'a insinué. »

Nous nous rangeons absolument à l'opinion de M. L. Blanchetière, en ce qui concerne la valeur histo-

____

(7) *Le Donjon du château féodal de Domfront*, par L. Blanchetière ; Domfront, F. Renault, 1893, in-8° , p. 110.

rique de l'inventaire dressé en 1760 par ordre de Pierre-François Le Din. Quant aux altérations successives que ce nom, comme beaucoup d'autres, a dû subir dans le cours des siècles, faut-il y attacher beaucoup d'importance ? Louis Dubois, ou Du Bois, car selon les temps il a écrit son nom sous ces deux formes, s'est montré, à ce propos, un peu dur pour Caillebotte, dans ses *Recherches sur la Normandie*, à l'article Domfront :

« C'est à tort, je crois, dit-il, que M. Caillebotte appelle Ledin l'un des derniers gouverneurs de Domfront. Je trouve presque toujours leur nom écrit ainsi : Leydin de la Challerie. »

Au lieu de « presque toujours », Louis Dubois aurait été plus dans le vrai en disant « quelquefois ». En effet, quoique les titres concernant la famille Le Din tiennent peu de place dans la série E, aux Archives de l'Orne, on peut y trouver, en 1696, une quittance de Jacques de Leydin, chevalier, sieur de la Challerie, en qualité de maître particulier de la Maîtrise des eaux et forêts de Domfront, comme compris au rôle du 25 août 1693, pour une somme de 337 livres 10 sols. Mais, dix ans plus tard, en 1706, on trouve l'enregistrement, par les trésoriers généraux de France au Bureau des finances d'Alençon, de la quittance de finance de la somme de mil cinquantes livres payée par d^lle Marguerite de L'Esdin de la Chaillerie (*sic*), fille majeure, au lieu et place de Jacques de Lesdin de la Chaillerie, maître particulier. En 1710, quittance, donnée à Charles-Claude de Leidin, de la somme de 1.020 livres, pour la finance de l'office de maître particulier des eaux et forêts à Domfront. C'est sous la même forme que ce nom historique figure dans la *Chronologie historique des grands baillis du comté et duché d'Alençon, extraite du ms. inédit de P. F. Odolant Desnos*, par

E. F. L. de Courtilloles ; Paris, L. B. Dumoulin, 1872.

Mais, comme nous l'avons déjà noté plus haut, l'illustration des Le Din, d'après M. Blanchetière, qui a suivi le *Dictionnaire de la Noblesse*, de La Chesnaye des Bois, remonterait au moins à Pierre Le Din, IV⁰ du nom, gentilhomme de la Chambre du roi Henri III, député de la noblesse aux États généraux de 1586. Mais, on désirerait savoir d'où avait été tirée cette information, car si elle provenait de l'inventaire du chartrier de la Challerie, elle nous serait justement suspecte, comme à M. Blanchetière lui-même. Le fait est que Caillebotte et Liard n'en font aucune mention, et nous croyons qu'en cette circonstance ils sont loin d'être blâmables. Nous estimons que le rôle brillant, attribué par La Chesnaye des Bois à ce Pierre Le Din, au temps de la Ligue, constitue une véritable légende, mais une légende artificielle, à la formation de laquelle le peuple n'a eu aucune part et qu'il a même ignorée complètement. Le cas n'en est que plus intéressant.

Nous lui reconnaissons pour origine un mémoire qui fut communiqué par les intéressés à l'auteur du *Dictionnaire généalogique*, Aubert de La Chesnaie des Bois, originaire d'Ernée (Mayenne), qui l'a publié au tome VIII de cet ouvrage et qui l'a reproduit dans la seconde édition, donnée sous le titre de *Dictionnaire de la Noblesse*, devenue très rare, parce qu'on dut en faire disparaître un grand nombre d'exemplaires conservés dans les bibliothèques des émigrés à l'époque de la Révolution, comme justement suspects d'aristocratie. Or, nous savons que dès sa première apparition cette généalogie, fabriquée de toutes pièces et dont l'auteur aurait dû être largement payé, provoqua des protestations et que M. Achard du Pas de la Vente, notamment, adressa alors au savant et loyal historien

d'Alençon, Odolant Desnos, une *Généalogie au vrai* de la famille Le Din, très différente de celle qu'a insérée La Chesnaye des Bois dans son Dictionnaire. Mais, la Généalogie dressée par M. Achard du Pas de la Vente ne paraît pas se trouver dans le riche Cabinet d'Odolant Desnos.

Par bonheur, la publication, par notre confrère Hippolyte Sauvage, de l'acte d'engagement du domaine royal en la vicomté de Domfront, en 1586, est venue nous apporter quelques lumières sur ce qui s'est passé alors dans ce pays. Le procès-verbal de mise à prix, en date du 22 mars 1586, nous apprend que Pierre d'Harcourt, seigneur de Beuvron et de la Motte-Harcourt, gentilhomme ordinaire de la Chambre du Roi, s'y fit représenter par Mre Pierre de Launay, son procureur, qui enchérit ce domaine, compris l'extraordinaire nomination d'offices et présentation d'offices, d'abord à 25.500 écus, et ensuite à 28.200 écus. Mais Guillaume Lambert, bailli de Saint-Sauveur-le-Vicomte, fondé de procuration du duc et de la duchesse de Joyeuse, ayant porté l'enchère jusqu'à 30.000 écus, l'adjudication fut prononcée en sa faveur (8).

Or, nous allons voir, tout à l'heure, qu'en 1591, Pierre d'Harcourt se disait en possession, par don du Roi, de tous les états et offices, tant de la juridiction ordinaire qu'extraordinaire de la vicomté de Domfront, dont le duc de Joyeuse avait été déclaré adjudicataire en 1586. La mort de ce dernier à la bataille de Coutras, le 2 octobre 1587, dut nécessairement amener un changement dans l'administration du domaine royal en cette vicomté, comme l'a observé M. Hippolyte Sauvage, et c'est ainsi, croyons-nous, que

(8) *Bulletin de la Société d'Histoire de Normandie*, t. IX, années 1900-1904, p. 107-119 et 196-208.

M. Pierre d'Harcourt put, au moins pendant quelque temps, jouir du droit de disposer des offices dépendant de ce domaine. Il ne faut pas oublier que Pierre d'Harcourt était chef du nom et des armes de la maison d'Harcourt et qu'il avait épousé, en 1578, la fille du maréchal de Matignon, lieutenant-général pour le Roi, en Basse-Normandie (9), qu'il avait pris part aux sièges de Domfront et de Saint-Lo, et accompagné partout Henri IV. Il était garde de l'oriflamme et nous sommes fiers de rappeler qu'il était né en notre pays du Houlme, à Lignou de Briouze, au diocèse de Sées, le 8 août 1550. Il n'est donc pas surprenant qu'il ait été, à l'avènement de Henri IV, investi, à titre provisoire, d'une sorte de vice-royauté que les circonstances pouvaient rendre nécessaire. Le riche chartrier du château d'Harcourt vient ici, à propos, à notre secours, pour nous aider à déterminer le rôle que jouèrent alors Pierre Ledin, élu de Domfront, et Jean de la Ferrière, baron de Vernie. Jean de la Ferrière était un haut personnage. Il était chevalier de l'ordre du Roi et avait épousé la fille de Nicolas d'Angennes sénéchal du Maine, marquis de Rambouillet. Son nom figure à l'article de la paroisse de Vernie, dans l'enquête qui fut faite, en 1577, par ordre du cardinal de Rambouillet, évêque du Mans, par les curés de chaque paroisse sur la catholicité et la fidélité au Roi des gentilshommes résidant dans son diocèse. Ce qui paraît particulièrement curieux, c'est que, comme les Le Din, les la Ferrière ont eu à subir, et plus encore qu'eux, les outrages de faussaires audacieux, qui ont voulu leur attribuer une antiquité fabuleuse. M. Henri Le Faverais, dans son *Histoire des Communes du can-*

(9) *Preuves de l'histoire généalogique de la maison d'Harcourt.* t. III, Preuves du Livre XI.

ton de Messei (2ᵉ édition, 1873, p. 103), a répété, après
Caillebotte, que l'existence des comtes de la Ferrière
remontait au commencement du VIᵉ siècle, puisque
Rioult de la Ferrière, Flambert de Montchauvet et
Wimter de la Filochère condamnèrent à mort saint
Bômer, l'an 532, suivant Cointereau, 556, d'après une
procédure sur ce saint qui aurait été conservée dans
le chartrier des seigneurs de la Ferrière et brûlée à la
Révolution. Or, ce qu'il est utile de signaler aux
curieux, c'est que cette généalogie, en réalité, existe
encore aux Archives de l'Orne (10) et qu'elle a été
sinon authentiquée, du moins revêtue du visa et de la
signature d'un notaire.

M. l'abbé Angot, dans son *Dictionnaire de la
Mayenne* (1901, art. La Ferrière) a révélé lui-même
le nom de l'auteur, vrai ou supposé, de cette colossale
mystification et de celle qui a doté le Bas-Maine d'une
liste de croisés partis pour la Terre sainte en 1158,
dont aucun chroniqueur jusque-là n'avait parlé (11).

La relation donnée par M. Le Faverais de la part
que prit Jean de la Ferrière aux entreprises des
Ligueurs à Domfront et aux environs, sans avoir rien
de commun avec les fables imaginées par J.-B. de
Goué sur les origines de diverses familles du Bas-
Maine, n'en est pas moins imprécise et même erronée
sur plus d'un point. « En 1589 (12), dit-il, Jean de la

(10) Cette généalogie, mentionnée dans le Catalogue des manuscrits
conservés dans les Archives des départements, provient d'un don de
M. Jules Appert.

(11) M. Laurain, archiviste de la Mayenne, a traité à fond la question dans un volume intitulé *Les Croisés de Mayenne et le chartrier
de Goué : Faux et Faussaires ;* Laval, Vve A. Goupil, 1912, in-8º.

(12) Le comte de la Ferrière, dans son *Histoire de Flers*, p. 64,
fixe au mois d'avril 1583 la date de l'adhésion des Domfrontais à la
faction des Ligueurs.

Ferrière, baron de la Vernie, se mettait à la tête des seigneurs du pays et forçait Domfront à se déclarer pour la Ligue. Il paya de sa vie les maux qu'il avait, à cette occasion, causés dans le Passais. Mais le récit de sa mort n'a pas été raconté tout à fait de la même façon. Suivant les uns (13), il fut blessé mortellement dans une sortie qu'il fit pour soutenir les Ligueurs contre Emeri de Villiers, maréchal de camp. Suivant d'autres (14), il fut poignardé par les habitants de la ville lorsqu'ils apprirent la série des victoires de Henri IV (8 janvier 1590) à Domfront et la mort du roi Henri III..

Pendant que M. d'Harcourt était à Dieppe pour le service du Roi, il prenait part au Conseil et à la délibération présidés par le baron de Vernie pour la réduction du château de Messey, au parti des rebelles, c'est-à-dire des Ligueurs. Il aurait, de plus, acheté un serviteur du Roi, prisonnier aux prisons de Domfront, pour cent écus, alors que celui qui le tenait le laissait aller pour cinquante écus sol, dans l'espoir de gagner sur la rançon de ce pauvre homme. A ces méfaits, dit-on, s'ajoutait, contre l'élu de Domfront, le fait honteux d'avoir extorqué des deniers des particuliers pour la signature des contre-rôles.

De son côté, Pierre Le Din produisait pour sa défense :

1° Les lettres patentes du Roi, en forme de rétablissement d'état, données au camp de Breteuil, le 6 décembre 1590 ;

2° Une information de Jean de Bailleul, élu à Mortain, sur les actions et comportements de Jean Malard, élu à Domfront ;

---

(13) Caillebotte : *Histoire de Domfront.* 3ᵉ édition, p. 33.
(14) *Histoire de Flers*, p. 71.

3° Une permission donnée à Pierre Le Din de continuer l'exercice.

Sur ces points obscurs, la *Copie des Affaires de la Cour des Aindes contre les officiers de Domfront*, conservée dans le chartrier du château d'Harcourt, nous apporte, à propos, les précisions nécessaires. Nous allons donc nous borner à reproduire simplement ce document, dont nous devons la communication à notre excellent confrère et ami, M. Besnier, archiviste du Calvados (15).

Messieurs de la Court des Aydes,

Supply humblement messire Pierre de Harcourt, sieur et baron de Beuvron, Beaufon et la Mothe, chevallier de l'ordre du Roy et capitaine de cinquante hommes d'armes de ses ordonnances.

Disant que, par Sa Majesté, il luy a esté fait don de tous les estats et offices, tant de la jurisdiction ordinaire que extraordinaire de la vicomté de Donfront, pour aucunement le récompenser des pertes qu'il a souffertes pour la manutention de la couronne. Ce néantmoins, Me Pierre Ledin, esleu audict lieu de Donpfront, auroit, en toute surprise, obtenu lettres de restablissement audict estat et office, combien qu'il ayt toujours esté tenu et repputé ligueur et ennemy de Sa Majesté, ainsy que ledict suppliant a esté adverty et que il avoit présenté lesdites lettres à la dicte Court de Parlement, par l'ordonnance de laquelle il en a esté imformé.

(15) *Inventaire sommaire des Archives départementales antérieures à 1790, rédigé par M. Armand Bénet, archiviste. Calvados, série E, t. I, duché d'Harcourt ;* Caen, Delesques, 1905, p. 210, art. E. 303.

Ce considéré, nosdicts seigneurs, il vous plaise recepvoir ledict suppliant à opposition et aultre reception pretendue par ledict Ledin, et vous ferez justice. Et plus bas est escript : de Harcourt.

Signé, ung paraphe, et plus hault de *Brochant*, pour Joy, procureur. Et plus bas est escript : Soit communiqué au procureur général du Roy et à partye. Faict le vingt sixième jour d'apvril, an cinq cents quatre vingts et onze.

Autre coppie. — Articles que baille et présente à la Court, suivant l'arrest d'icelle, messire Pierre de Harcourt, sieur et baron de Beuvron, pour empescher le restablissement prétendu par Me Pierre Ledin, esleu de Dompfront, affin de parvenir, par le dit sieur, aux fins de son opposition et don qu'il a dudit estat et office, vaccant par la rebellion dudit Ledin.

Que durant ce temps, il a toujours faict résidence en ladite ville, passant la plus part du temps chez ledict sieur Vernye, s'éjouissant des nouvelles et mensonges qui leur arrivoient de ceulx de leur party, pour ennuyer (16) le peuple contre leur prince.

Qu'il a assisté au jugement de plusieurs personnes, servyteurs du Roy, que ledict sieur de Verny faisoit pendre.

Que les deniers de la recepte que prenoyt ledict sieur de Vernye (17), pour son entretien, passoyt par les mains de son père, en estant du consentement comme esleu.

Qu'il assista au joyes et sabatz qui furent faicts audict Donpfront de la mort du Roy (18).

(16) Ennuyer ici paraît signifier *exciter*.

(17) Jean Barre fut nommé receveur du domaine de Domfront par la dame de Joyeuse, et ses lettres de provision furent enregistrées à la Chambre des Comptes de Normandie, en 1598 *(Registres-Mémoriaux de la Chambre des Comptes de Normandie, p. 38)*.

(18) Cf. « Récit de ce qui s'est passé à Paris après la mort du Roy Henri III ». *(Mémoires de la Ligue, t. IV, p. 1). — Satyre Ménippée, t. III (Preuves), p. 320.*

Que durant que Monsieur de Harcourt estoit à Dieppe, pourle service de Sa Majesté, il fut au Conseil et délibération que le sieur de Verny prynst pour la reduction du chasteau de Messé au service des rebelles, ce quy fut éventé et ledict chasteau prins.

Que a achatta ung nommé Latenture, serviteur du Roy, prisonnier aux prisons de Donpfront par cent escuz, par ce que celuy qui le tenoyt le lessoyt aller pour sinquante escuz sol, espérant gaigner sur la ranson de ce pauvre homme.

Qu'il s'est trouvé à toutes les assemblées qui se sont faictes dans ladicte ville pour le maintenyr de leur party (19).

Qu'il a, comme esleu, faict venir et contribuer les parroisses circonvoysines aulx fortifications que faisoit ledit sieur de Vernye au chasteau de Dompfront.

Savoir si l'esleu prent par un escu la sinature des contre rolles là où il ne luy apartient que 11 sols bien, ou cinq sols.

Sçavoir combien le recepveur prent par quictance, et s'il prent pas un teston (20), ou il ne luy en apartient qu'un sol; et s'il a pas esté trois jours secrétère ordinaire dudict sieur de Verny.

Autre coppie. — Les gens tenans la Court des Aydes en Normandie, à maictre Jehan de la Porte (21), conseiller du Roy, général en ladicte Court et Commisaire d'icelle en ceste partye, salut. Comme ce jourd'huy, dacte de ces présentes, la cause en ladicte Court, entre Me Regné Ledin,

---

(19) Maintenyr pour maintien.

(20) Le teston a valu 10 et 12 sous, 6 deniers.

(21) En 1577, noble homme Thomas de la Porte était receveur du domaine du duc d'Alençon à Domfront et résidait au lieu des Villettes.

Cette famille, alliée à celle de du Bois, seigneur de Courceriers, avait pour armes d'argent au croissant d'azur, coupé de gueules, à une tête de lion couronné d'or.

esleu en l'ellection de Dompfront, porteur de lettres patentes du Roy, en forme de restablissement audict estat et requerant l'inthérinement d'icelles, d'une part, et messire Pierre de Harcourt, sieur et baron de Beuvron, Beaufou et la Motte, chevallier de l'ordre du Roy et cappitaine de cinquante hommes d'armes de ses ordonnances, porteur du don à luy faict par Sa Majesté de tous les estats et offices deppendant de la viconté et ellection de Dompfront, opposant à la réception et restablissement dudict Ledin, d'autre part.

Veu par la Court lesdictes lettres de restablissement données au camp de Breteuil, le sixième jour de décembre cinq cents quatre vingts et dix : arrest sur ce ensuivy, le vingt-quatriesme jour d'apvril dernier, par lequel, avant que faire droict sur l'intherinement desdictes lettres, avoit esté ordonné que ledict Ledin seroit examiné sur certains poincts resultans de la conclusion du procureur general du Roy, estant au bas d'une requeste, présentée par ledict Ledin le neufviesme d'apvril V^c IIII^{xx} dix; examen par luy presté, par devant le conseiller commissaire à ce depputé, le vingt troysieme dudict moys d'apvril; passeport du Roy, octroyé audict Ledin, au camp de Lisieux, le dix huictiesme janvier au mesme an V^c IIII^{xx} dix ; acte du serment de fidélité par luy presté par devant le bailly de Caen audict lieu, le vingt sixiesme dudict moys; information faicte sur les actions et conportements dudict Ledin, par Me Guillaume Daniel, prevost visbailly en Normandye, le septiesme de may ensuivant, vertu de l'arrest de la Court de Parlement; autre information faicte contre ledict Ledin et autres officiers dudict lieu de Dompfront, par Me Emont Radulphe, conseiller accesseur au siege de Vire, commissaire depputé par ladicte Court de Parlement, instance dudict sieur de Beuvron, le dix neufviesme jour dudict moys. Aultre information faicte par Me Jehan Bailleul, esleu à Mortain, vertu de l'arrest de la Court, sur les actions et comportements de Me Jehan Mallard (22), l'un des esleuz dudict lieu de Dompfront, le vingt troiseme dudict mois. Arrest de ladicte Court de Parlement, du XXXe de juillet en suivant, contenant comme Me André Cormier, vicomte de Dompfront (23), aurait esté permis continuer l'exercice dudict estat et office néantmoins l'opposition formée par ledict sieur baron de Beuvron. Aultre arrest d'icelle, du deuxième jour d'octobre audict an, donné entre Isabeau de la Marre, damoyselle, vefve de feu Me Germain Le Grand, tant en son nom que comme tuctrice des enfans mineurs et d'elle, ayant reprins le procez tel et en l'estat que l'avoit laissé ledict deffunct, demandeur en haro, pour avoir rescompense de la somme de trois cents escus, à l'encontre dudict Ledin, prisonnier, vertu dudit haro. Attestations du sieur de Fourneaulx, gouverneur, pour Sa Majesté, audict lieu de Dompfront et de Me Jehan Barjot, conseiller du Roy et maistre des requestes de son hostel, des premiers et tiers jours de novembre audict an, comme ledict Ledin s'estoit tousjours monstré affectionné au service du Roy, et, en ceste consideration, luy avoit esté donné la charge de l'un des cappitaines quarteniers de la dicte ville, qu'il exerce encores de present. Autre passe-port à luy concedé, par Sa Majesté au camp devant Chartres, le troysieme d'apvril an present. Coppie des articles baillez en la dicte Court de Parlement, obtenu contre dudict Ledin, par Thimotée Vauldry, Guillaume Caillot et autres, y denommez. Arrest du penultième jour dudict mois d'apvril, par lequel, entre autres chos, avoir esté

(22) Jehan Maillard, élu à Domfront, obtint, en 1592, des lettres patentes pour être payé de ses gages des années 1589-1590 *(Registres-Mémoriaux*, p. 20, col. I).

(23) André Cormier, vicomte de Domfront, n'est pas mentionné parmi les membres de la famille de ce nom à laquelle M. Blanchetière a consacré des notices dans *Les Pierres tombales de Notre-Dame-sur-l'Eau de Domfront.*

ordonné audict sieur de Beuvron mettre vers le procureur général tels articles allencontre dudict Ledin qu'il verroit bien estre, lesdicts articles baillez par ledict sieur de Beuvron, suyvant ledict arrest. Conclusions sur ce dudict procureur general, auquel le tout avoit esté communiqué, et tout consideré :

La Court a ordonné et ordonne que ledict Ledin sera reçeu, par provision, à continuer l'exercice dudict estat et office d'esleu, et à ceste fin prestera le serment. Ce qu'il a presentement faict et neantmoingts que, à l'instance dudict procureur general, il sera, par vous, informé du contenu aux articles dudict sieur de Beuvron, pour l'information faicte dans le mois, communiquée audict procureur général, et veu par ladicte Court ordonner ce qu'il appartiendra. Sy vous mandons, que prins et appellé avec vous ung adjoinct ayant faict serment à justice, vous procediez bien et deument au faict de ladicte information, jouxte et aux fins que dessus, pour le tout fait communiqué audict procureur général, et veu par ladicte Court ordonne [ce] qu'il appartiendra par raison.

Mandons oultre, au premier huissier de ladicte Court ou sergeant royal, sur ce requis, le contenu en ces presentes mettre à deue et entière exécution, de ce faire vous avons et à luy donné et donnons pouvoir et auctorité, en nous certiffiant deuement de leurs exploicts. Donné soubs nos signetz en la dicte Cour des Aydes, à Caen, le quinziesme jour de may mil V^c IIII^xx et unze. Signé Boudin, commis, et scellé de trois placars de sire rouge, et dessoubz le reply vingt cinq solz. *A promis,* en glose, Commis III.

Thomas Cormier, sieur de Beauvais (23), né à Alençon vers 1523, fils de Guy Cormier, médecin de Henri

(24) Le domaine de Beauvais est situé sur le territoire de Hellou, près d'Alençon.

d'Albret, roi de Navarre, et de Marguerite d'Angoulême, duchesse d'Alençon, son épouse, put servir alors de médiateur pour faire rentrer Pierre Le Din dans les bonnes grâces de Henri IV.

Mais nous nous trouvons ici en présence d'une question de filiation qu'il nous est impossible de négliger. L'identité de Guy Cormier, médecin de Marguerite d'Angoulême, est bien établie par un article du registre de Jehan de Frotté, qui contient un article ainsi conçu : « Cedict jour (23 avril 1544) depesché ung brevet par lequel, pour récompense de quelques services et dépense que maistre Guy Cormier, docteur en médecine a faicts en sa faveur, luy ay donné soixante livres de pension, à prélever sur les premiers et plus clers deniers de sa recette d'Alenson, et oultre, luy a promis reserver et accorder le premier office qui viendra à vacqur, de ceux qui sont couchés en l'ectat de ladicte dame. » (Cte H. de La Ferrière : *Marguerite d'Angoulême, son Livre de dépenses;* 1872, p. 78, n.   .)

Malheureusement, si l'identité du médecin de Marguerite d'Angoulême, vivant en 1544, est bien établie, celle de Guy Cormier, licencié ès-lois, vicomte de Domfront, que M. Blanchetière affirme avoir siégé à l'Échiquier d'Alençon en 1576 et avoir reçu, comme vicomte, le 11 juillet 1580, un aveu des biens de l'abbaye de Lonlay, nous semble très contestable.

Quoi qu'il en soit, il paraît certain que Claude Cormier, écuyer, sire de la Bindelière, décédé en 1641, avait une sœur, nommée Madeleine, que l'on dit fille de ce Guy, vicomte de Domfront, mais plutôt de Thomas Cormier, qui épousa en 1586 René Le Din, d'après Le Paige, et dont naquit François Le Din, vicomte de Domfront. (*Dictionnaire topogr., hist. et généal. du Maine,* t. I, p. 406.)

Quoi qu'il en soit, les dignités dont Thomas Cormier

fut revêtu, notamment celles de Conseiller et de Président de l'Échiquier, les marques d'estime que ses ouvrages lui avaient values de la part de Charles IX et de Catherine de Médicis, la charge de député d'Alençon qu'il avait remplie aux États de Blois en 1576, son zèle pour la gloire de nos rois et pour la science du droit, lui donnaient qualité pour défendre auprès de Henri IV les intérêts et l'honneur d'une famille à laquelle il était allié. On comprend, dès lors, qu'il dut s'employer avec efficacité à tirer son parent, René Le Din et aussi Pierre Le Din, du mauvais cas dans lequel ils paraissent s'être mis pendant les troubles. Telle serait l'explication de la marche ambiguë et incertaine de la procédure que nous avons dû parcourir et dont l'enchevêtrement ne paraît pas trop facile à démêler. Thomas Cormier est mort en l'an 1600, âgé de soixante-dix-sept ans.

A la faveur de cette intervention probable de Thomas Cormier dans les procédures soutenues par Pierre et René Le Din, et en raison des liens étroits de parenté qui existaient entre les deux familles, je crois intéressant de reproduire ici la copie de son premier testament, qui renferme quelques renseignements curieux sur sa vie privée, dont on trouve, dans les *Mémoires historiques sur Alençon et sur ses seigneurs*, une indication sommaire.

On connaît trois testaments de Thomas Cormier. Le premier, en date du 3 février 1592, que nous publions, faisait partie des manuscrits d'Odolant Desnos et est conservé dans la Bibliothèque de Mme de Saint-Hilaire, son arrière-petite-fille; le second, en date du 1er juillet de la même année, le troisième, de l'année 1596, tous deux possédés par Le Conte de Betz, conseiller au Présidial d'Alençon en 1787, et communiqués par lui à Odolant Desnos, qui nous apprend que, dans ce dernier, il n'est plus fait mention des dispositions du testateur pour la publication de ses œuvres. Le P. Le Long, dans la *Bibliothèque de la France*, nous apprend que, parmi les manuscrits de Thomas Cormier, se trouvait une *Histoire de Charles IX*, entrée dans la bibliothèque de Foucault, intendant de Caen. Trois autres de ses manuscrits, contenant l'*Histoire de François II*, celle de *Henri III*, et celle des premières années du règne de *Henri IV*, appartenaient à Le Conte de Betz en 1787, d'après Odolant Desnos. Mais, d'autre part, Édouard Frère, dans le *Manuel du Bibliographe normand*, nous fait connaître que le manuscrit autographe, écrit en latin, contenant les recherches de Cormier sur les règnes de Charles IX, de Henri III et des premières années de Henri IV, a appartenu à l'abbaye de la Trappe et depuis est entré dans la bibliothèque de M. de la Sicotière.

Son *Code du très chrestien et très victorieux roy de France et de Navarre Henri III*, publié d'abord à Lyon, en latin et en français, en deux éditions différentes, en 1602 et en 1603, réimprimé en français à Rouen par Jean Du Bosc en 1615, à Cologne en 1618, porte en tête ce sonnet, qui dépeint assez bien son caractère :

> Parmi tant de fureurs, tant d'horreurs, tant d'alarmes
> Qui plongent les humains en une mer de larmes,
> Cormier recommanda droicture en dits et faits :
> Sans craindre des censeurs l'orgueil, l'envie, l'ire,
> En soy-mesme content cesse d'escrire et lire,
> Puis va chercher aux cieux joye, justice et paix.

Il fut, en effet, éprouvé par des malheurs domestiques sur lesquels il a même été obligé de s'expliquer dans son testament. La sentence prononcée contre lui par l'Officialité de Sées et le second mariage qu'il contracta après la dissolution du premier l'avaient placé dans une situation équivoque, dont son autorité comme jurisconsulte ne devait pas suffire à le faire sortir. Marié en 1559 à Marie Jousselin, il n'en eut pas d'enfant, et celle-ci, après avoir vécu avec lui pendant quatorze ans *sub specie matrimonii*, lui intenta une action devant l'Official de Sées pour se faire démarier, pour cause de son impuissance. « Après visitation faite d'iceluy par par les médecins et chirurgiens, un procès-verbal fut dressé, portant qu'il estoit bien composé en tous ses membres, mais terminé par cette simple déclaration : *Quid vero intus latet nobis incredibile et incognitum, quod impedire actionem penis possit a prima nativitate contractum, aut arte magica inflatum, nos Dei judicio relinquimus.* »

C'était un aveu d'ignorance bien formel et une capitulation de la science médicale en - face du pouvoir occulte attribué aux sorciers, noueurs d'aiguillettes et maléficiers. Ce qui semble plus étonnant encore, c'est que l'Officialité de Sées ait considéré ce procès-verbal suffisant pour déclarer nul le mariage de Cormier et de Marie Jousselin. Par malheur pour Cormier, l'Officialité accepta les yeux fermés cette conclusion. C'était pourtant sous l'épiscopat de Louis du Moulinet, Parisien, neveu de Pierre du Val, traducteur du *Criton* de Platon et auteur d'un poème sur la *Majesté de Dieu*. Mais il faut savoir qu'à cette époque, Ambroise Paré lui-même déclare qu'il y a « des défauts et maléfices ès parties génitales aux hommes, qui se font par incantations qui les rend inféconds, comme leur avoir noué l'aiguillette et fait autres charmes que je ne puis dire ny escrire, qui a esté cause que les mariages ont esté séparés(25).

(25) Ambroise Paré : *Œuvres*, p. 964.

Quoi qu'il en soit, sur ce simple exposé, le mariage fut déclaré nul et la femme autorisée à se remarier. Thomas Cormier s'empressa alors de profiter de la liberté qui lui était rendue, par cette sentence, pour épouser Marthe Biseul, fille de Léonard Biseul et de Jeanne de Bonacoursi, dont il eut un fils, mort jeune, et trois filles. Mais, après sa mort, arrivée en 1600, André Cormier, vicomte de Domfront, son neveu, réclama sa succession, prétendant que les filles étaient illégitimes, *tanquam en illicilo coitu genitas*, et non issues de son oncle, attendu son impuissance, qui avait fait prononcer la nullité de son premier mariage, « laquelle impuissance il falloit présumer avoir toujours continué ».

Marthe Biseul répliqua que Thomas Cormier « avoit peut-estre esté empesché, *magicis artibus*, de connoistre sa première femme (Cf. *Si per Sortiarias*, 23, 91) et n'estoit pas empesché d'en connoistre une autre ». Bérault ajoute qu'on référait « la cause de son impuissance à son estude et à la composition de ses livres, ayant fait lors un *Codex Henrici IV*. Ce qui pouvoit, pour le temps de ce grand travail, avoir altéré ses vertus et fonctions naturelles et étouffé sa vertu génératrice, laquelle, après son ouvrage parfait, il auroit recouvrée. Aussi, par son testament, il dit n'avoir jamais habité avec sa première femme, mais bien avec la seconde, de laquelle il atteste avoir eu lesdits enfans.

« Par arrêt notable, donné en la Chambre de l'Édict, le 24 aous 1602, fut dit que lesdites filles succéderaient au préjudice d'André Cormier, vicomte de Domfront, plaidant pour lui Mᵉ François de Bretignères, plus tard procureur général, Mᵉ Christofle Paulmier, pour la mère et les enfans, et Mᵒ Anzerey, avocat général du roi, depuis président.

« Sur pareil sujet, ajoute Bérault, se trouve un plaidoyer dans les *Actions forenses, singulières et remar-*

quables de Julien Pilier, dit Peleus, jurisconsulte angevin, publiées en 1604, in-4°. »

Thomas Cormier lui-même, dans son *Code du très
chrestien et très victorieux roy de France*, avait donné
place à l'examen des cas analogues au sien propre,
livre premier, titre III, Du Mariage, ch. V, et admis
le pouvoir de la sorcellerie pour la perfection de l'œuvre du mariage. « Si le mari est empesché par sorcellerie de pouvoir parfaire l'œuvre de mariage, le juge
leur donne trois ans pour essayer de l'accomplir, ou
bien si les parties ont jà demeuré par trois ans ensemble, le juge leur prescrira autre brief temps, comme de
trois ou six mois ou un an.

« Si le mariage avoit esté déclaré nul pour cause de
froideur naturelle de l'homme, lequel defaut les deux
parties eussent attesté, et par après l'homme contracte
autre mariage et apparaist qu'il a parfait les œuvres
de mariage avec sa seconde femme, le premier mariage
sera rejoint. »

Dans ce dernier paragraphe, il semble que l'auteur
du *Code* se serait condamné lui-même à reprendre sa
première femme, pour laquelle il avait une aversion
bien marquée.

Le Rituel de Sées, publié en 1744 par l'autorité épis-
copale, contient un article relatif aux empêchements
du mariage pour cause d'impuissance. Il y est dit
(p. 57) que quant à l'impuissance relative, à l'égard de
laquelle le conjoint est impuissant, il est permis de
contracter un nouveau mariage : « Constat per eccle-
siam licere ut pars ad quam altera est impotens ad
alias transeat nuptias. » Le même Rituel déclare que
si l'impuissance provient d'un maléfice, il y aurait
crime de sacrilège si l'on tentait de la faire disparaître
au moyen d'incantations magiques.

A titre de pièce justificative, nous intercalons ici le texte inédit du testament de Thomas Cormier.

TESTAMENT DE THOMAS CORMIER

Au nom de Dieu, le Père, le Fils et le Saint-Esprit. Je Thomas Cormier, conseiller du Roy au siège présidial d'Alenson, sain d'esprit et d'entendement mesmes de corps, grâces à Dieu, Considérant l'incertitude de la vie humaine et l'eage de vieillesse auquel je suis, ay voulu faire ce mien testament et tesmoignage de dernière volonté, devant Dieu et les hommes, en la forme et manière qui ensuit. C'est que je supplie ce bon Dieu d'avoir pitié de moy, me pardonner mes fautes et offenses par sa bonté et clemence et par le mérite de la mort et passion de nostre seigneur Jésus-Christ, son-tres-cher filz, et me faire vivre et finir le demeurant de mes jours en sa foy et finablement mourir en icelle, et me donner la grace, s'il luy plaist qu'avant la fin de ma dicte vie en ce monde, je parachève les œvures que jay commencées et premeditées spéciallement ceus qui pourroient tourner à sa gloire. Aussi le prie affectueusement me pardonner les mescongnoissances par moy faictes, par crainte de la honte du monde et mocquerie au procès intenté contre moy par damoiselle Marie Jousselin, veufve à présent du sieur de la Chesnaye et les longueurs par moy tenuz audit procès, laquelle Jousselin j'aurois espousée sans que puis ladicte espousailles j'eusse etaye cohabité avec elle charnellement, ainsy que un vray mary a accoustumé faire à sa femme, sans toutesfois qu'il y eust faute de virilité en moy, sinon par son regard, estant telle chose arrivée par sorcerie et enchantement ou autrement, par permission et volunté de Dieu, pour punition de mes fautes ou de tous deux, ou pour autre cause de jugement de Dieu inscrutable aux hommes, ayant eu cohabitation parfaite avec autres femmes hors mariage, par paillardise, dont je requiers pardon à Dieu. Et après la dissolution ou déclaration de nullité de mariage avec ladicte Jousselin, ay par sentence judiciaire, me suis marié, en saine conscience et estant libre, mesmes après que ladicte Jousselin s'estoit mariée avec le sieur de Cortremnlay, et ay espousé Marthe Biseul, ayant esté incité à me marier, ne pouvant me passer de femme. Lequel mariage ainsi Dieu a benist en telle sorte que ayant cohabité parfaitement avec ladicte Biseul comme vray mary, lui aurois engendré trois enfans, l'un, une fille Magdeleine Cormier, une autre fille, décédée à l'accouchement de ladicte Biseul et un autre enfant dont elle est grosse à présent. Et veux et ordonne encores que sans autre ordonnance cela se doive faire, mais l'ay voulu cy emploier, pour tesmoigner ma bonne affection envers ladicte Biseul ma femme, que les dons que luy ai fais, tant au précédent mon mariage et sans respect à iceluy que depuis et en contractant iceluy mariage et en faveur d'iceluy, sortent leur plein et entier effect, mesmes suyvant les accords que j'en ay faiz avec feu M. Guy Cormier, mon frère, le treizieme juillet mil cinq cens quatre vingts, par devant Mercadé et Théroulde, tabellions de Rouen et autrement, par toutes les meilleures voyes que faire se pourra et la plus advantageuse pour ladicte Biseul, sans que l'une puisse prejudicier à l'autre en aucune sorte. Plus, je veux que si je decède avant que j'aye payé à ma cousine, Marguerite de Saint-Denys, qui m'a longuement servy et par plusieurs années et sans autre recompense, la somme de cent livres pour ayder à la marier et pour la bonne volunté que je luy porte, si ainsy est qu'elle soit vivante lors de mon décès, laquelle somme luy veux estre payée dans l'an de mondit décès, pour luy subvenir en

autres affaires et les emploier où elle vouldra, encore qu'il ne s'offre party pour elle audict temps. Plus, je veux et ordonne que ladicte Marthe Biseul, ma femme, soit tutrice de mes enfans sortys ou qui sortiront de mondit mariage et en son défault, mon beau-frère M⁰ Symon Biseul, lieutenant criminel de robe courte ès bailliages de Sonnoys, la Posté, Silly et autres circonvoisins, prenne ladicte charge, et au défaut des dessus dits Julien Biseul, grenetier d'Alençon, aussi mon beau-frère. Ce que je les prie, au nom de Dieu, faire, voulant et ordonnant que ils prennent, incontinent après mon décès, sur le plus clair de mon bien la somme de cinq cens escus pour les emploier à défense des droitz de mes enfans et les tenir prests pour leur subvenir au cas que quelques personnes les veuille opprimer et leur faire procès, vexer et travailler, et s'ils voient que bon soit prendre, à la concurrence de ladicte somme et en sa valleur, sur les héritages que jay ou auray au païs du Maine, qu'ils le puissent faire, en sorte que ma volunté sorte son effect, par la plus aisée voye que ce pourra, priant tous et chacun des dessus dicts de ne refuser ceste charge, selon qu'elle luy sera déférée, jouxte ma volonté, et ce au nom de Dieu. Et de toute mon affection, mesmes prie tous mes parens, amis et alliez et tous autres, audit nom de Dieu et en consideration mesmes du profit que le public pourra recevoir de mes labeurs et escrits et pour faveur de ma mémoire et quelque recongnoissance de mes merites, de preserver mes dits enfans de toute oppression et vexation que l'on pourroit faire par cupidité, mauvais vouloir et de naturel ou autrement, les recommandans à Dieu principallement qui les peut tirer de toute peine, fascherie et ennuy ; et charge lesdits tuteurs de mesdits enfans de faire metre en lumière au plus tost que faire se pourra, après mon décès, si plus tost ne le sont les livres du droit civil accomodé à l'usage fransois, par moy digéré en ordre succinctement et par articles, en quelque forme

d'art et méthode, et pour recouvrer plus commodément un bon imprimeur, lesquels aujourd'huy se font acheter. Et pour estre l'œuvre plus correct je veux qu'il soit prins par les dessusdits que j'ay nommés tuteurs de mesdits enfans et en quelque qualité qu'ils le pourront faire, la somme de trois cens escus sur mes heritages du pays du Mayne ou meubles de Normandie, s'ils le peuvent porter. Et feront ainsi les dessusdits metre en lumière la dernière *Histoire de France*, par moy encommencée et presque parachevée, si ainsy est que lors de ma mort elle se trouve par moy corrigée et mise au net et non autrement.

Fait sous mon seing, de moy Thomas Cormier, susnommé, le troisième jour de febvrier mil cinq cens quatre vingtz et douze, et escrit de ma main (26).

CORMIER.

Minute de l'an MV^c IIII^{xx} XII.

Les précisions que nous pouvons donner sur Thomas Cormier et sa descendance nous font malheureusement défaut en ce qui concerne Pierre et René Le Din.

Nous savons seulement qu'en 1592, la Chambre des Comptes de Normandie enregistra les lettres patentes accordées à Me René Le Din, « esleu à Domfront pour être payé de ses gaiges des années 1589, 1590, 1591 » (27).

Il paraîtrait donc que René Le Din fut alors substitué à Pierre Le Din.

(26) Original papier. Bibliothèque d'Odolant Desnos. Pièces diverses.
(27) *Registres-Mémoriaux de la Chambre des Comptes de Normandie* (Mémoires de la Société des Antiquaires de Normandie, 2e série, t. VIII, p, 19, col. 2).

On sait que les cinq élections d'Alençon, Argentan, Domfront, Mortagne et Verneuil furent annexées pendant la guerre, en 1589, à la généralité de Caen. C'est ce que nous apprennent deux arrêts du Conseil d'État des 21 et 24 mai 1594 (n°ˢ 798 et 811). L'inventaire de ces arrêts mentionne également une décision du 27 mars 1598, accordant à Mᵉ René Le Din, ancien élu de Domfront, une décharge de 350 écus qui lui avaient été volés (n° 4724).

Quant à Pierre Le Din, nous sommes forcés de nous borner à reproduire ici, après M. Blanchetière, l'épitaphe gravée sur une des dalles de Notre-Dame-sur-l'Eau, pour marquer la fin de la carrière agitée de l'élu de Domfront :

CI GIST NOBLE PIERRE LEDIN
VIVANT Sr D. L. CHALLERIE
Dec. le 12 may 1601.
Priez Dieu pour luy.

M. de Longuemare remercie M. Duval, dont l'intéressante communication sera certainement très appréciée dés travailleurs qui pourront la lire dans le *Bulletin* de l'Association Normande. Il salue en M. Duval l'érudit modeste dont les travaux font autorité et qui a honoré ses fonctions par une vie toute de travail désintéressé; puis il donne la parole à M. Prentout, professeur d'histoire de Normandie à la Faculté des Lettres de Caen. Au début de la séance, M. de Longuemare avait fait l'éloge de l'éminent conférencier.

Dès les premiers mots, M. Prentout justifie pleinement tout à la fois cet éloge et sa réputation. Il nous parle de notre vieille Normandie, passant en revue les maisons de bois, dont il nous fait voir de nombreux spécimens en projections, les costumes de jadis, en tête desquels il faut voir ces bonnets normands, hautes coiffes de tulles et dentelles savamment montées

Puis il nous cause de l'alimentation, des vieilles légendes, des distractions (noces, baptêmes, feux de Saint-Jean, veillées, etc.).

Il énumère les fêtes, les processions curieuses et les jeux.

Pour lui, la vie d'autrefois, qu'il nous a retracée, et la vie d'aujourd'hui sont séparées nettement par la création des chemins de fer, dont l'origine remonte à 1843 (ligne Paris à Rouen).

En facilitant la fréquence des relations avec Paris d'une province déjà proche de ce centre influent de civilisation, le chemin de fer a détruit rapidement les originalités de coutumes, de langages et de mœurs qui apparaissaient au voyageur et caractérisaient la région. Le phénomène qui s'est produit en Normandie dès le milieu du XIXe siècle s'achève actuellement en Bretagne, où la génération actuelle en a pu suivre l'évolution.

Outre les projections lumineuses, des citations empruntées à G. Ganin, à Barbey d'Aurevilly appuyaient les démonstrations du conférencier, qui a lu également le joli poème de Gustave Levavasseur sur les maisons de bois et les célèbres strophes de Chênedollé au château de Domfront.

3e JOURNÉE, VENDREDI 5 JUIN

Matinée, visite de Domfront.

Vendredi matin, à 9 heures 1/2, les Congressistes se réunissaient à l'Hôtel de Ville pour procéder, sous la très aimable direction de M. Gallot, maire de Domfront, à la visite des monuments de la ville.

Ils ont admiré d'abord les nobles lignes du chevet et des cloches de Notre-Dame-sur-l'Eau, l'un des plus anciens monuments du département, qui présente les caractéristiques classiques du plan roman et des éléments décoratifs employés vers l'an 1100; les pierres tombales, la silhouette de l'autel primitif; ils ont appris avec intérêt les dispositions prises par la Commission des Monuments historiques pour achever de débarrasser le transept et la nef du badigeon qui en dénature l'aspect originaire.

Puis ils visitent l'hospice, installé, depuis 1754, dans les anciens bâtiments du prieuré, auquel était attachée l'église. Avec un rare bonheur d'expression, M. Gallot expose les progrès accomplis à Domfront depuis soixante ans dans les diverses institutions charitables, les créations de caisses de loyers, de charité maternelle, etc., et en particulier dans cet hospice même, dont la ville est justement fière, tant à cause de l'ancienneté de sa fondation par le duc-roi Henri II (XIIe siècle) que de sa prospérité, due surtout à la prudence de ses administrateurs; après avoir salué parmi eux MM. Renard Guérin et Leblanc, qui l'ont accompagné, il évoque le souvenir des médecins qui ont consacré tout leur dévouement à cet établissement: le docteur Ledemé, les docteurs Levesque et son fils, aujourd'hui conseiller général du canton, le docteur Barrabé et son si distingué successeur le docteur Vézard; il associe à cet éloge reconnaissant les sœurs de la communauté d'Évron, qui, depuis 1694, ont prodigué aux pauvres malades de Domfront tout leur cœur et leur activité.

M. de Longuemare, directeur de l'Association, en quelques mots émus, s'associe aux paroles que M. le Maire vient de prononcer, dit son admiration pour les dévouements qu'il constate et salue en particulier les sœurs, qui donnent sans compter leur vie pour le soulagement des misères humaines.

Les Congressistes visitent ensuite successivement la pharmacie, avec ses vieux poêles de faïence, la cuisine, les nouveaux pavillons, la salle d'opérations, la lingerie, le salon de la Commission administrative, où l'on remarque une très belle commode de marqueterie Régence; cette visite permet d'admirer l'ordre, la propreté minutieuse, l'aspect d'aisance et de confort d'une maison où tous les efforts tendent à alléger les souffrances de ses hôtes involontaires.

Remontant au château, dont ils complètent l'examen, les Congressistes reçoivent la permission de visiter les curieuses collections de Mme Mustière et d'admirer notamment ses belles faïences de Moustiers.

Après-midi, excursion à l'abbaye de Lonlay,
au château de Frédebise, au château de la Bérardière
et à Saint-Bomer.

L'après-midi est consacré à la visite de l'abbaye de Lonlay et des châteaux de Frédebise et de la Bérardière.

La curieuse silhouette de cette église, dont la nef ne fut sans doute jamais construite, les problèmes à élucider sur le plan primitif révélé par les parties romanes du transept, la reconstruction du chœur à la fin du XIIᵉ siècle, les restaurations du début du XVIIᵉ siècle, la réfection de toutes les parties hautes et notamment des fausses voûtes en 1849, les travaux entrepris avec plus de zèle que de prudence par l'abbé Simon vers 1878-1887, retiennent l'attention des archéologues; les chapiteaux de pierre calcaire de décoration romane, les autels et retables sculptés de la fin du XVIIᵉ siècle, les stalles du XVIᵉ siècle et leurs baldaquins du XVIIᵉ sont également étudiés avec soin.

M. le Curé, bien qu'à peine installé, montre aux visiteurs les fragments de colonnades, d'arcatures qui permettraient de relever le plan des anciens bâtiments.

A Frédebise, M. le docteur et Mᵐᵉ Vézard accueillent avec la plus gracieuse courtoisie les Congressistes; ils leur indiquent les travaux par lesquels ils s'efforcent de rendre son ancien caractère au manoir construit, vers 1734, par les Le Frère de Maisons. La chapelle, malheureusement dépouillée de son intéressant mobilier par un vandalisme véritable, offre encore, avec les lignes simples de sa structure de la fin du XIIIᵉ siècle, les intéressantes peintures de sa charpente lambrissée; les beaux arbres séculaires, chênes et hêtres de magnifique venue, auraient seuls conservé du caractère à ce beau domaine si des mains intelligentes n'avaient, non seulement arrêté les déprédations, mais réussi à en effacer le souvenir.

Enfin, à La Bérardière, l'amabilité de M. Roulleaux-Dugage, qui a gracieusement ouvert aux visiteurs les portes de tous ses appartements, sous un aspect analogue de gentilhommière du XIIe siècle, montre aux Congressistes, tout un ensemble de boiseries peintes en camaïeu, de belles collections de meubles d'art réunies par M. le docteur Bidard-Huberdière, et une curieuse série de silhouettes dessinées au crayon et à la sanguine par Jean-Henri de Roussel pendant la Révolution. A citer également très beaux portraits de Beaumarchais, de la marquise de Tenesson, de l'abbé de Roussel, etc.

L'excursion de l'après-midi ayant été longue, la séance ne s'ouvre qu'à 9 heures. Le Directeur prie M. Gallot, maire de Domfront, d'en prendre la présidence.

Ont pris place sur l'estrade: MM. Renard, adjoint au maire; le Procureur de la République; Ch. de Beaurepaire, inspecteur; C. Cautru et Besnier-Ménès, secrétaires; Monlien, trésorier de l'Association.

M. de Longuemare signale diverses communications qu'il a reçues de M. Léon Coutil, président de la Société Préhistorique de France, sur les monuments mégalithiques de l'arrondissement de Domfront. Ces communications seront publiées dans l'*Annuaire*. Puis il donne la parole à M. Cautru, avocat à Caen et secrétaire de la Société, qui répond à la onzième question de l'enquête économique sur le droit du producteur de transformer sa récolte au mieux de ses intérêts.

M. de Longuemare, après s'être associé aux chaleureux applaudissements qui ont salué l'exposé si clair, si sobre et si persuasif de l'orateur, indique combien le taux excessif auquel est évalué le revenu moyen d'un plant de pommiers constitue déjà une sorte de rançon du prétendu privilège dont jouissent les bouilleurs de cru; les assujettir aux impôts des bouilleurs de profession serait un véritable abus.

M. Renard évoque ensuite en ces termes les silhouettes des illustrations contemporaines de la ville de Domfront:

« Messieurs,

« J'ai consenti, sur la demande de M. Gallot, notre jeune et sympathique maire et mon bon ami, j'ai consenti, dis-je, à vous présenter « quelques célébrités domfrontaises ».

« Célébrités domfrontaises, c'est peut-être un bien gros mot, du moins pour quelques-uns, mais que voulez-vous, Messieurs, Domfront aime à garder le souvenir des personnalités qui se sont fait remarquer par leur passage dans l'histoire de notre vieille cité.

« M. Christophle n'est pas né à Domfront, mais, malgré cela, nous le considérons comme un concitoyen. Avocat au barreau de Domfront, il adopta cette ville, dont il fut le maire plusieurs années durant.

« C'est lui qui dota, c'est grâce à sa persistante ténacité que notre ville fut pourvue d'un service d'eaux remarquable pour l'époque.

« Habilement secondé par un ingénieur sorti de l'École Polytechnique, M. Hubert, les eaux furent captées dans la Varenne et élevées à une hauteur de près de 100 mètres et distribuées en ville par une vingtaine de bornes-fontaines.

« Jusqu'à ce jour, la ville n'était alimentée d'eau potable que par quelques puits et par de l'eau de source amenée à une fontaine qui déverse encore aujourd'hui une eau qui est claire et limpide, mais avec une parcimonie regrettable et insuffisante pour les besoins actuels.

« C'était une victoire, car, à cette époque, beaucoup doutaient que l'on pût réussir. D'autant plus que, dès cette époque, si le mot n'était pas connu, le sabotage existait; ses adversaires en usèrent largement.

« M. Christophle était un homme à l'esprit ferme et indépendant. En 1852, le Gouvernement lui demanda de signaler les hommes dangereux de la ville; il répondit qu'il ne connaissait pas d'hommes dangereux, qu'il ne connaissait que d'honnêtes gens.

« Albert Christophle, son fils, lui, est né à Domfront, dans une vieille maison qu'il ne reconnaîtrait pas aujourd'hui; c'est maintenant là que sont installés les Postes et Télégraphes.

« Albert Christophle fit une bonne partie de ses études classiques au Collège de Domfront. Puis, reçu docteur en Droit et avocat, il se fit inscrire au barreau de sa ville natale.

« Je dois dire ici qu'il ne fut pas reçu par ses confrères avec toute la courtoisie que l'on aurait pu attendre d'eux; aussi s'empressa-t-il d'abandonner une ville qui n'avait pas été accueillante pour lui. Il s'installa dans la capitale et acquit une étude d'avocat au Conseil d'État.

« Bien connu du grand patriote Gambetta, après les événements de 1870-1871, il fut préfet de l'Orne, puis se présenta aux élections législatives et fut élu député du département.

« Pendant plusieurs années, il représenta, avec son ami Gévelot, l'arrondissement de Domfront.

« Il fut ministre des Travaux Publics dans le Ministère que présida son ami et camarade M. de Marcère. Puis il fut appelé au Crédit Foncier, dont il fut le gouverneur pendant plusieurs années, au cours desquelles cet établissement connut une prospérité remarquable.

« C'est lui aussi qui créa la nouvelle station balnéaire de Bagnoles-de-l'Orne. Certes, Bagnoles existait depuis longtemps, mais végétait seulement; Christophle l'a refaite et c'est grâce à lui que vous la pourrez voir dans l'état de prospérité dont elle jouit actuellement.

« Albert Christophle est l'auteur d'un ouvrage remarqué que l'on peut toujours consulter avec fruit : *Traité théorique et pratique des Travaux publics.*

« M. de Marcère, l'ami et le camarade d'Albert Christophle, est lui aussi né à Domfront, dans l'une des maisons de la rue Saint-Julien, qui est occupée actuellement par un chapelier.

« M. de Marcère, après avoir fait ses études de droit à la Faculté de Caen, fut successivement attaché au Ministère de la Justice, puis substitut à Soissons, à Arras et procureur à Saint-Pol.

« Aux élections législatives de 1871, il fut élu député du Nord.

« Plusieurs fois ministre, il fut rapporteur de la loi du Divorce.

« C'est lui un des derniers sénateurs inamovibles.

« Charles Léandre, vous le connaissez tous, Messieurs, ou tout au moins ses œuvres toujours si spirituelles et d'un dessin si correct, même dans ses œuvres les plus fantaisistes. Il est lui aussi un compatriote natif d'une commune voisine, Champsecret. Vous pourrez admirer, dans notre salle des mariages, un très remarquable tableau qu'il a bien voulu offrir à la ville de Domfront.

« Auguste Chevalier est entièrement le fils de ses œuvres. C'est l'enfant de modestes cultivateurs de Domfront. Il fut l'élève remarquable de l'École communale de la section de Saint-Front, puis élève boursier de notre Collège.

« De bonne heure, il s'adonna aux sciences naturelles et se fit recevoir docteur ès-sciences à la Faculté de Caen.

« Mais il ne se contenta pas d'étudier la nature dans les livres, il la voulut connaître dans la nature.

« C'est pour cela qu'il visita l'Afrique et les peuplades les plus sauvages: le Congo, le Chari, le Tchad. Et ce qui est très remarquable, ce dont nous le devons féliciter, dans toutes ses pérégrinations au milieu de ces peuplades sauvages, jamais ni lui ni ses compagnons n'ont tiré un seul coup de fusil.

« En revanche, il a doté l'industrie de produits de très grande valeur: bois de menuiserie, plantes nouvelles produisant le caoutchouc.

« M. Chevalier est encore en ce moment en Cochinchine. S'il n'est revenu, il doit bientôt rentrer auprès de sa vieille mère, qui, très sympathique à tous, habite paisiblement dans l'un des faubourgs de la ville.

« Latouche est un enfant, sinon de Domfront, tout au moins de l'une des communes les plus voisines. Peintre remarquable, coloriste supérieur, Latouche est trop tôt disparu pour l'art.

« Enfin, pour ne pas prolonger cette liste déjà bien étendue, je dois dire quelques mots de notre compatriote vénérée, celle que nous nommons avec une familiarité respectueuse « la Muse du Val Nicole », Mᵐᵉ Schalck de la Faverie.

« Mᵐᵉ Schalck est née dans l'un des faubourgs ruraux de Domfront. Fille d'un officier de la République et de l'Empire, écrivain remarquable, poète de très grande valeur, elle s'est plue à chanter dans ses œuvres de très grande valeur Domfront et ses chemins ombreux, sa campagne fleurie. Elle a peint le caractère de ses habitants, elle a chanté avec verve et enthousiasme son vieux donjon. Sous ses cheveux blancs, elle conserve un esprit jeune et un cœur d'or.

« Elle doit sous peu revenir à son Val-Nicole, et nous espérons bien la revoir encore longtemps dans ce home charmant où elle serait aujourd'hui si elle n'avait été cruellement frappée récemment par une perte qui lui a été particulièrement sensible.

« M. Bougiard, s'il n'est pas né à Domfront, lui appartient bien par sa famille et y a toujours habité du moment où il prit sa retraite jusqu'au jour de sa mort.

« M. Bougiard, sous son apparence modeste, était un marin de grande valeur.

« C'est lui qui, les officiers supérieurs étant disparus, tués par la fièvre jaune, ramena notre flotte du Mexique après cette fatale guerre qui eut des conséquences si graves pour notre pays.

« Saluons, Messieurs, et adressons à tous les disparus un adieu cordial et ému. »

M. Renard donne ensuite lecture des vers suivants de Mme Schalck de la Faverie. Il en fait apprécier le charme pénétrant. De chaleureux applaudissements remercient le conférencier et s'adressent à l'auteur.

M. de Longuemare, directeur, prend alors la parole; il se dit heureux que la communication de M. Renard lui permette de payer divers tributs de reconnaissance. A M. Christophle d'abord; l'Association n'oublie pas la façon si gracieuse dont elle fut reçue par lui lors du Congrès de La Ferté-Macé et de Bagnoles. Il s'associe ensuite à ce qui a été dit de M. Chevalier; lui-même avait fait des démarches pour obtenir de lui une conférence qui eût eu le succès de celle qu'il avait faite lors du Congrès de Flers. La prolongation du séjour de l'éminent explorateur en Indo-Chine a seule

privé les Domfrontais de l'entendre. Enfin, il adresse
à Mme Schalck de la Faverie, au nom de tous, un très
respectueux et très sympathique hommage. C'est la
maladie de sa fille qui retient loin d'ici la Muse du
Val-Nicole; cette douloureuse circonstance augmentera
les regrets des membres du Congrès. Cependant,
Mme de La Faverie ne sera pas complètement absente
ce soir, car, suivant un aimable désir de celle dont
nous regrettons l'absence, lecture est donnée de la
charmante pièce de vers qui sert de préface à son dernier volume, *Autour de mon village*. Les Congressistes, qui maintenant connaissent les environs de Domfront et son vieux château, pourront apprécier avec
quelle délicatesse et quelle justesse d'expressions l'auteur a buriné ce tableau.

Bocage aux frais gazons que la Varenne arrose !
Tertres couverts d'ajoncs et de bruyère rose !
      Pays des genêts aux fleurs d'or !...
Rocher majestueux à la crête verdie !
Promontoir farouche où mon âme hardie
      Vers l'inconnu prit son essor !

Bien souvent, terrassé par le sinistre orage ;
Jeté, fragile épave, aux sables du rivage,
      Mon triste cœur, mon pauvre cœur,
De vous s'est souvenu, comme d'une légende
Autrefois entendue et que l'on redemande
      Pour calmer l'angoisse et la peur.

Et je suis revenue ! avec les hirondelles,
Amantes du soleil. Je retrouve, comme elles,
      Mon nid au mur du vieux rempart.....
Comme autrefois, le blé mûrit dans la vallée ;
Les arbres ont grandi, mais l'épaisse feuillée
      Semble là même qu'au départ.

Sous le limpide azur de l'aube radieuse,
La ville m'apparaît, géante glorieuse
        Qui se repose au sein des fleurs !...
O guerrière immobile en ta fière attitude !
L'écho de tes hauts faits vibre en ta solitude
        Et se répercute en nos cœurs.

Oui ! tu fus bien longtemps la cité magnanime !
De tes rudes combats, de ta base à ta cime,
        L'œil ébloui peut lire encore
La surprenante histoire écrite. à coup de hache,
Sur les pierres du roc que l'ignorant arrache,
        Feuillets sacrés d'un *Livre d'Or !*

Murailles de Talvast ! jusques en vos assises,
Lorsque mugit l'hiver ! Quand le souffle des brises
        Vous remplit de vagues rumeurs.....
Peut-être entendez-vous bruire des épées !
Chevaucher des héros ! passer des épopées,
        Au son de superbes clameurs !

Peut-être retentit l'olifant de Guillaume !

 .   .   .   .

Mais c'est un mirage vain, prouesses de fantôme...
        Tu n'es plus rien qu'un souvenir,
Domfront !... Domfront ! je chante au pied de tes
                                [collines,
Et, tandis que le lierre efface tes ruines,
        Je les chante pour l'avenir !

Les applaudissements de tous apporteront à Mme de
La Faverie un juste témoignage d'admiration pour les
beaux vers que l'on vient d'entendre et de regrets de
son absence.

Enfin, M. de Longuemare, puisqu'il parle des Domfrontais, est heureux d'annoncer quelques-unes des récompenses que l'Association a décernées pour travaux d'ordre historique ou littéraire. Il cite parmi eux M. Peccatte, le poète délicat de *Ma Sauvagère*, et M. Lefranc, professeur de l'enseignement secondaire, dont l'Association a apprécié la courageuse initiative et la campagne inlassable qu'il a menée avec un si persévérant désintéressement en faveur de l'enseignement par l'image et contre l'invasion de l'imagerie allemande dans les albums bon marché et les cartes postales. De chaleureux applaudissements accueillent cette distinction méritée par toute une vie de dévouement modeste.

La séance est levée à 10 heures 1/2.

4e JOURNÉE, SAMEDI 6 JUIN

**Excursion à la Ferrière-aux Étangs, à Dieufit, à la
ferme école du Saut-Gauthier.**

Là encore, la mobilisation privera cette année nos
lecteurs du compte-rendu de cette excursion. Nous di-
rons seulement qu'aimablement reçus par M. l'Ingé-
nieur-Directeur de la mine de La Ferrière, nous visitons tous les travaux, depuis les galeries d'extraction
du minerai jusqu'aux fours où le minerai est calciné
avant d'être expédié aux hauts fourneaux. Les maisons ouvrières et les installations philanthropiques retiennent également l'attention des Congressistes. Nous
saluons en passant la tombe de notre collègue Adigard; il a voulu être enterré sur ces coteaux qu'il aimait, au milieu des rochers et des bruyères sauvages
où si souvent il vint penser et prier.

Après déjeuner, nous nous rendons à la ferme-école
de Dieufit. Il y a de longues années, l'Association
s'était déjà rendue à Dieufit : c'était en 1868, lors du
Congrès de Flers. Il y avait à peine six ans que M. Gévelot avait entrepris la transformation des 1.100 hectares de terres incultes qu'il venait d'acquérir et au
défrichement desquelles travaillèrent de mille à quinze
cents ouvriers. Ce que M. Gévelot avait créé, ce qui
fut l'objet constant de sa sollicitude, alors même qu'il
représentait le département de l'Orne et que des préoc-

cupations politiques l'absorbaient, Mme Gévelot l'a continué après la mort de son mari, voulant ainsi perpétuer sa mémoire et ne pas abandonner ce qui avait été l'œuvre maîtresse de sa vie.

L'Association Normande est aimablement reçue à Dieufit par M. Bouchard, ingénieur agronome, régisseur général, ainsi que par l'agent comptable et le chef piqueur. Nous visitons successivement les écuries, où l'on remarque des animaux de grand prix; la fromagerie, la porcherie, la vacherie, toute l'installation industrielle de cette exploitation agricole, tandis que les horticulteurs visitent les jardins. Les Congressistes constatent que Mme Gévelot, au prix de sacrifices pécuniaires qui doivent être élevés, maintient l'exploitation modèle créée par M. Gévelot, l'améliorant sans cesse. L'Association Normande doit donc lui adresser ses très respectueuses et très sincères félicitations.

La ferme-école du Saut-Gauthier est tout le contraire de Dieufit; là, il faut faire beaucoup avec des ressources minimes; c'est ce à quoi s'emploie de son mieux le directeur, M. Perret, avec l'aide intelligente et utile de Mme Perret. On sait combien est difficile et complexe l'administration d'une ferme-école, où il faut que les élèves trouvent à la fois l'instruction qu'ils sont en droit de réclamer et l'éducation pratique. M. Perret semble avoir résolu le problème; il a tiré le meilleur parti de bâtiments anciens et peu luxueux. Les élèves ont l'air bien tenus; les cultures sont satisfaisantes, le bétail également. L'Association ne peut que féliciter M. et Mme Perret de leurs laborieux et constants efforts, ainsi que MM. Hilaire Garnier et Léopold Benaut, chefs de cultures.

4ᵉ JOURNÉE, SAMEDI 6 JUIN

Après avoir assisté à la retraite aux flambeaux qui parcourt la ville déjà presque entièrement pavoisée, les Congressistes se réunissent pour la dernière séance du Congrès. Sur la demande du Directeur, M. Roimarmier, sous-préfet de Domfront, veut bien prendre la présidence de la séance; il est entouré de MM. Gallot, maire; Guyomard, procureur de la République; de Beaurepaire, Foulon, Cautru, inspecteur, etc.

M. Besnier donne lecture du mémoire suivant de M. l'abbé Letacq, préface d'un travail sur l'*Entomologie du département de l'Orne:*

Entomologie agricole du département de l'Orne.

Les insectes sont un des plus beaux ornements de la nature; leurs légions innombrables habitent l'air, la terre et les eaux, présentant partout le mouvement, l'activité, la vie sous leurs aspects les plus variés. Quel attrait ne donnent-ils pas à nos campagnes durant la belle saison? Qui de nous ne s'est pris à admirer ces myriades de petits animaux qui courent, voltigent, bourdonnent dans les champs, les prairies et les bois ? Si ce spectacle est une jouissance pour l'homme qui a le sentiment du beau, il devient plus intéressant encore pour celui qui connaît le rôle important que jouent les insectes dans l'économie de la nature. Comparés aux grands animaux, ce ne sont sans doute que d'infimes animalcules, mais voyez-les à l'œuvre, considérez leur multitude incalculable, leur prodigieuse fécondité, rendez-vous compte de leur manière de vivre et vous saurez bientôt que si l'agriculteur possède dans ce petit monde des auxiliaires précieux, il y compte en bien plus grand nombre des ennemis redoutables.

Ennemis redoutables, ces vers blancs ou mans qui coupent les racines de l'herbe des prairies, des légumes de nos jardins, des arbres dans les pépinières et les bois et dont les dégâts se chiffrent chaque année dans nos régions de l'Ouest par plusieurs millions;

Ennemi redoutable, ce puceron lanigère qui détermine sur l'écorce des pommiers et parfois des poiriers des tumeurs où il dépose ses œufs, tumeurs qui se creusent de chancre et amènent à bref délai la mort de l'arbre si le fléau n'est conjuré;

Ennemis redoutables, ces scolytes, ces pyrales, ces saperdes qui creusent des galeries dans les tiges des arbres et causent dans certaines plantations de véritables razzias;

Ennemis redoutables, ces larves d'anthonôme qui dévorent les fleurs de nos pommiers, ces chenilles de chématobie qui vivent sur nos arbres fruitiers, s'attaquant aux jeunes feuilles, aux bourgeons à fruit et même aux fruits peu après leur formation;

Ennemis redoutables, ces chenilles de lépédoptères et d'hyménoptères qui, douées d'un appétit formidable, peu difficiles sur le choix des mets, dévorent toutes les feuilles presque sans exception et retardent la végétation, quand ils ne font pas mourir les végétaux eux-mêmes.

Mais, à côté des ennemis, les alliés — la Providence l'a voulu ainsi pour rétablir l'équilibre dans la création.

Ne sont-ils pas nos alliés, ces insectes ailés qui, volant de fleur en fleur, transportent le pollen et deviennent les meilleurs agents, parfois les seuls, de la fécondation de nos plantes et de nos arbres ? — Ces scarabées, connus sous le nom méprisant de bousiers, qui débarrassent le sol de ses immondices et remplissent le rôle d'assainisseurs de l'air et des eaux; — Ces carnassiers, dont le plus connu est le carabe doré, qui débarrassent nos champs d'insectes phytophages et méritent d'être introduits partout où ils manquent ?

Est-il besoin de parler des insectes réduits en domesticité, tels que les abeilles, qui paient au centuple les soins que nous leur donnons.

Se rendre compte des services rendus et des dommages causés, afin de savoir les insectes qu'il faut protéger ou ceux qu'il faut détruire, connaître les moyens les plus faciles et les moins coûteux pour conjurer les dégâts commis par les espèces nuisibles, n'est-ce pas du plus haut intérêt pour l'agriculteur ?

Les livres ne manquent certes pas sur ce sujet; on n'a guère que l'embarras du choix, mais ils étudient d'ordinaire la question à un point de vue général, ou embrassent une région comme la France. Or, à quoi sert à nos agriculeurs normands de connaître les insectes du Midi, de l'Est ou des régions montagneuses. Que leur importent les espèces nuisibles à l'olivier, à l'amandier ou aux forêts des Alpes et des Pyrénées ?

N'est-il pas plus utile de leur présenter dans une centaine de pages, en réduisant l'appareil scientifique au strict nécessaire, les notions indispensables sur l'entomologie de notre région et ses applications à l'agriculture. Tel est le sujet de mon mémoire, qui continue la série commencée il y a dix ans. Je le divise, comme les précédents, en deux sections: *Insectes utiles, Insectes nuisibles*.

M. Bigot, doyen de la Faculté des Sciences, prend ensuite la parole et expose ainsi la constitution géologique de l'arrondissement de Domfront:

Géologie de l'arrondissement de Domfront.

L'arrondissement de Domfront manque d'unité géologique et d'unité géographique. On peut ajouter que c'est aussi, par conséquence, un arrondissement mal fait au point de vue administratif; les moyens modernes de communication n'ont pas réussi à réaliser au profit de Domfront la centralisation des cantons de Tinchebrai et d'Athis, qui touchent au Calvados, et du canton du Passais, qui borde la Mayenne et la Manche.

Orographie et Hydrographie.

Une zone dont le relief est plutôt relatif qu'absolu traverse de l'est à l'ouest l'arrondissement de Domfront; elle le partage en deux régions d'importance un peu inégale. Cette zone fait partie de la région des *Collines de Normandie;* elle se termine, au nord de la plaine de la Mayenne, par un abrupt qui s'étend de Mortain à Alençon et qui limite deux régions climatériques et biologiques; c'est la vraie limite naturelle de la Normandie du côté du Maine. L'importance de cet abrupt s'apprécie nettement du sommet du rocher qui porte les ruines du château de Domfront. Les points culminants de cette chaîne dans l'arrondissement sont situés dans la branche qui se détache à Saint-Michel-des-Andaines dans la direction de Saint-Clair-de-Halouze (326 mètres aux Monts-en-Géraume).

Cette zone ne forme pas cependant le *toit des eaux* de l'arrondissement. Les cours d'eau se partagent inégalement entre le versant de la Manche, par les affluents de l'Orne, dont les principaux sont la Rouvre, le Noireau, grossi de la Vère, et le versant de l'Atlantique, par la Mayenne, dont le principal affluent est la Varenne, grossie de l'Égrenne et la Vée. Ces cours d'eau du versant atlantique ont leur source au delà de la zone de fort relief; en la franchissant, ils s'encaissent profondément à la traversée des bandes de grès qui forment l'ossature de cette zone et coulent dans un étroit défilé, dominé par des parois rocheuses (Varenne à Domfront, Vée à Bagnoles). Les rivières principales, *à cours conséquent*, perpendiculaires aux lignes structurales, sont grossies par des affluents *à cours subséquent*, coulant parallèlement aux crêtes de grès sur les dépressions formées par les bandes schisteuses (Andainette, ruisseaux du Fief aux Bœufs, de la Prise Pontin, dans la forêt d'Andaine).

Description des Terrains.

L'arrondissement est presque entièrement constitué par des formations paléozoïques : Précambrien, Silurien et massifs granitiques, avec filons de Diabase ; toute cette partie a une *architecture plissée*. Les formations plus récentes ne sont que de petits lambeaux, disposés *tabulairement :* Lias à Sainte-Opportune, grès éocènes et calcaires éocènes près de Céaucé.

PRÉCAMBRIEN. — Cet étage, composé de schistes de couleur sombre (phyllades) et de grès de même couleur (improprement appelés grauwackes), occupe environ la moitié de la surface de l'arrondissement. Les couches sont toujours fortement redressées, généralement verticales. Le Précambrien est traversé par plusieurs massifs granitiques, au contact desquels les couches sont fortement métamorphisées, transformées en schistes tachetés (schistes à pseudo-mâcles), grès micacés et feldspathisés, cornéennes de contact. Les couches de ces auréoles métamorphiques du granite sont généralement très altérées, rougies par l'oxydation des minéraux ferrugineux qu'elles contiennent.

SILURIEN. — La partie inférieure de cet étage (Cambrien) fait partout défaut. L'arrondissement de Domfront fait partie de la vaste région qui n'a pas été recouverte par la mer cambrienne et qui n'a été atteinte par la transgression marine qu'au début de l'Ordovicien. La présence d'assises gréseuses épaisses, solides, a donné à cet étage une résistance particulière à l'érosion et lui a permis de demeurer fortement en saillie; c'est lui qui constitue la zone de fort relief de l'arrondissement; il y porte les forêts d'Andaine et d'Halouze. La bande se décompose en une succession de crêtes parallèles, formées par les grès, qui sont séparées par des dépressions correspondant aux niveaux schisteux. Cette disposition est très nette, aussi bien dans la branche principale, sur laquelle se trouve Domfront, que dans la branche qui s'en détache à Saint-Michel-des-Andaines, dans la direction du N.-W., vers Saint-Clair-de-Halouze.

La vallée de la Varenne, transversale à la direction de toutes ces bandes, en donne une coupe très nette, étudiée par Michel dès 1860.

Le Silurien (Ordovicien et Gothlandien) comprend, dans l'arrondissement de Domfront, les horizons suivants, énumérés en commençant par les plus anciens:

I. *Grès armoricain*, assise de quarzites durs, en gros bancs, formant une première crête, la plus élevée, qui s'étend de Domfront à Bagnoles et de Saint-Michel-des-Andaines à la forêt de Halouze. Le grès est traversé de moulages de trous d'arénicoles (*Tigillites*); les bancs supérieurs présentent à leur surface des empreintes bilobées (*Cruziana* ou *Bilobites*) qui sont des pistes d'animaux, probablement de Crustacés; ces Bilobites étaient très abondants dans les carrières de Bagnoles.

II. *Schistes à Calymènes*, formant en avant de la crête de Grès armoricain une dépression qu'on suit très nettement depuis Le Pissot, au nord de Domfront, jusqu'au delà de Bagnoles et depuis Saint-Michel-des-Andaines jusqu'à La Ferrière-aux-Étangs. L'affleurement est presque toujours caché. La faune de cet horizon a été recueillie à Domfront dans la tranchée du chemin de fer près du Pissot, dans les terrassements de Bagnoles et dans ceux de la concession d'Halouze.

C'est vers la base de cet horizon que se trouve la couche ferrugineuse exploitée dans la bande des Monts-en-Géraume à la forêt d'Halouze. Dans la bande de Domfront, l'épaisseur et la teneur en fer de ces couches est extrêmement réduite. La couche est formée d'une accumulation d'oolithes de carbonate de fer dans une gangue ferrugineuse; au voisinage des affleurements, la sidérose est oxydée en hématite rouge et limonite.

III. *Grès de May*, correspondant à une crête plus basse que celle du Grès armoricain, dont elle est séparée par la dépression des Schistes à Calymènes. Les grès, un peu micacés, souvent rosés, sont ordinairement en bancs minces et alternent avec des schistes. Les Grès de May forment au nord de Domfront le Tertre Chapon. Ils sont généralement peu apparents, situés dans la zone boisée de la Forêt d'Andaine, des Monts-en-Géraume et d'Halouze.

IV. *Schistes du Pont de Caen*, formant une nouvelle dépression, qu'on suit à l'est jusqu'à Saint-Michel-des-Andaines, mais le long de laquelle les affleurements sont rares. On n'a pas réussi à reconnaître leur existence dans le massif des Monts-en-Géraume et de la Forêt d'Halouze, par suite de l'état couvert du pays. Ces schistes contiennent une petite faune qui est encore ordovicienne.

V. *Grès culminant*, formant une dernière crête, dont fait partie le Tertre de la Violière, au nord du Pont de Caen; ils sont exploités près de la Croix-Pavée; le carrefour de l'Étoile est sur la crête formée par ces grès. On ne les connaît pas d'une manière certaine dans le massif des Monts-en-Géraume-Forêt d'Halouze. Ces grès ont été très justement distingués du Grès de May par de Tromelin; c'est un horizon qui est connu dans une grande partie de la Basse-Normandie, du Maine et de la Bretagne. Les quartzites durs, en plaquettes ou en gros bancs, noirs ou blancs par décoloration, ne sont pas fossilifères, mais, dans certaines régions, les Ampélites à graptolithes s'intercalent au sommet de ces grès qu'on rattache ainsi au Gothlandien.

VI. *Schistes ampéliteux*, généralement décomposés à l'affleurement en argiles d'un noir violacé caractéristique, qui ont été exploitées pour poteries et briqueteries (Riantée). Ces schistes renferment des Graptolithes; on y trouve aussi des nodules pyriteux avec Orthocères et Cardioles.

GRANITE. — Un certain nombre de massifs granitiques sont compris en totalité ou en partie dans l'arrondissement. On a ainsi:

Massif d'Athis (en partie), entouré par le Précambrien; tout près de la limite de l'arrondissement, mais en dehors, ce granite porte, entre La Roche-d'Oitre et La Forêt-Auvray, un petit lambeau de Cambrien, dont il a métamorphosé les poudingues de base.

Massif de Chanu, également entouré par le Précambrien.

Bandes de La Ferté-Macé et de Juvigny-sous-Andaine. A l'est des limites de l'arrondissement, ces deux bandes se rejoignent entre la Forêt de Monnaye et la Forêt d'Écouves; les continuité au-dessous du Silurien n'est pas douteuse. Le *massif de Champsegré* s'y rattache certainement au-dessous des Monts-en-Géraume. Il en est de même des petits *pointements de La Haute-Chapelle, de l'Étoile-d'Andaine* et du petit *massif de Saint-Clair-de-Halouze*, qui borde au sud la bande silurienne de la Forêt d'Halouze et la sépare du Précambrien.

Massif du Passais, dans le Précambrien, se rattachant par Lassay au grand massif de Mayenne.

Le Massif de Goron-Fougères pénètre un peu dans l'arrondissement au sud du Passais.

Ce granite est le granite gris-bleu à grain moyen, connu sous le nom de *Granite de Vire.*

La disposition des massifs dans la région silurienne suggère l'idée d'une ancienne pénéplaine formée par l'affleurement du granite suivant l'axe d'anciens anticlinaux précambriens arasés, qui aurait été recouverte par la mer ordovicienne. J'ai admis autrefois cette conception, qui impliquait l'antériorité du granite à l'Ordovicien. Mais la postériorité du Granite de Vire au Silurien n'est pas douteuse, même en Normandie (Villedieu, Mortain, Haute-Chapelle, Forêt-Auvray, Martigny); son âge est probablement le même que celui du granite de Fougères, établi par M. Barrois, c'est-à-dire Carbonifère.

Diabase. Plusieurs filons de cette roche traversent le Précambrien et le Granite. Les plus nombreux sont situés au sud de Domfront; ils sont orientés autour de la direction nord-sud. Celui d'Avrilli a environ 7 kilomètres de longueur. Ces filons sont remarquablement rares au nord de l'arrondissement, où la Diabase ne forme que deux courts pointements, près de Fresnes et près d'Athis.

STRUCTURE DE LA RÉGION ANCIENNE. — La région centrale de l'arrondissement, formée par les couches siluriennes, correspond à un synclinal, demeuré, par inversion du relief, en saillie sur les anticlinaux précambriens et granitiques qui le limitent au nord et au sud.

Ce synclinal, dirigé W. 20° N. suivant la direction d'ensemble du synclinal Mortain-Couptrain, a une partie de ses assises rejetée dans la direction N.-W. entre Saint-Michel-des-Andaines et Larchamp. Ces deux tronçons ont la même structure; le pli est réduit à son flanc du sud ou du sud-ouest; les assises du flanc opposé sont supprimées, et les couches les plus élevées butent du côté du plongement contre le Précambrien ou le Granite. La faille limite longitudinale est oblique à la direction des couches vers La Ferrière-aux-Étangs et supprime même l'affleurement à l'W. de cette localité. Au voisinage de la Varenne, la structure de cette bande de La Ferrière est compliquée par des accidents transversaux. Le plus important des accidents transversaux de la bande silurienne est celui qui interrompt brusquement le synclinal à l'W. de La Haute-Chapelle et rejette son prolongement de 6 kilomètres vers le nord jusqu'à Lonlaye-l'Abbaye, où commence le massif de Mortain.

Ces dislocations sont d'âge *hercynien;* elles ont renouvelé les reliefs acquis par la région lors des mouvements *huroniens* qui avaient plissé les assises précambriennes, déjà rabotées au moment de la transgression ordovicienne.

Lias. — Les dépôts du lias sur le massif granitique d'Athis sont formés de grès, avec couches de galets à la base. Les grès sont très durs; ils renferment des fossiles caractéristiques du Lias moyen (Lias à bélemnites ou Charmouthien). Deux petits lambeaux de ces grès ont été exploités à Sainte-Opportune, près de la limite de l'arrondissement (1).

Tertiaire. — La dépression de la Varenne et de la Mayenne au sud de Céaucé est jalonnée par des lambeaux de grès blancs, tabulaires, associés à des sables, accompagnés de calcaires et de calcédoines, qui résultent de la silicification de ces calcaires.

Les grès forment au nord de Céaucé les buttes de Montchauveau et de La Trébourdière; les calcaires ont été exploités aux fosses de Boire, près des Petits-Mortiers. L'âge éocène des grès n'est pas douteux; c'est celui des grès de Fyé, dans la Sarthe, et de La Croix-de-Beaulieu, dans la Mayenne. Il est à peu près certain que les calcaires sont du même âge que ceux de Fyé et des environs du Mans qui accompagnent les

(1) J. Morière : *Le Lias dans le département de l'Orne.* Afas, Congrès du Havre, 1877.

grès à plantes. Tous ces petits lambeaux seraient donc lutétiens. Ils représentent les témoins d'un ancien réseau hydrographique de la Mayenne à l'époque éocène.

FORMATIONS SUPERFICIELLES. — Elles comprennent:

1° Des *limons*, résultant de l'altération du sous-sol et probablement aussi de l'altération de couches tertiaires qui auraient autrefois recouvert les massifs précambriens et granitiques au sud du synclinal silurien;

2° Des *alluvions anciennes*, en général peu développées; dans la vallée de la Vée, à Tessé-la-Madeleine, elles sont formées de gros blocs de grès arrondis et roulés, pendant une phase torrentielle du cours d'eau, à l'époque quaternaire;

3° Des *Dépôts argileux*, comblant d'anciennes dépressions en relation avec une hydrographie ancienne, remontant très probablement à l'époque tertiaire; ces dépressions ont joué le rôle de bassins de décantation. Le plus important est celui de la vallée de l'Égrenne, dans lequel se sont accumulées les argiles de Saint-Gilles-des-Marais;

4° Des *alluvions modernes*, le long des cours d'eau actuels.

Minerais de Fer.

Un important horizon de minerai de fer existe vers la base des Schistes à Calymènes, dans le tronçon du synclinal qui s'étend de Saint-Michel-des-Andaines à Larchamp. Son exploitation, commencée peut-être dès l'époque romaine, était interrompue pendant le courant du XIXe siècle. L'attention a été rappelée sur ces gisements par la publication de la feuille *Alençon* de la Carte géologique de France en 1893. J'ai figuré sur cette carte et signalé dans la notice qui l'accompagne l'existence et le tracé de cette couche de minerai, avec assez de précision pour que les recherches exécutées depuis 1900 par la Société de Denain-Anzin et par la Société des Mines et Forges de Normandie n'aient apporté à ces tracés que des modifications de détail. Une carte plus détaillée, que j'ai dressée plus tard à l'échelle du 1/50.000ᵉ, a été insérée dans le Mémoire de M. Lucien Cayeux sur les Minerais de fer oolithique.

Le gisement a été partagé en quatre concessions, qui sont, en partant du sud-est: Monts-en-Géraume, La Ferrière-aux-Étangs, Halouze, Larchamp. Ces trois dernières sont l'objet d'une exploitation très active (457.927 tonnes en 1913). Le minerai est constitué par des oolithes de sidérose, disséminées en plus ou moins grande abondance dans une gangue ferrugineuse carbonatée. Aux affleurements, le carbonate est oxydé, transformé en hématite rouge ou hématite brune oolithiques et en limonite. Les anciens exploitants ont enlevé presque partout la partie oxydée; les exploitations actuelles ont pour objet l'extraction du minerai carbonaté, titrant environ 40 % de fer. Un traitement sur place dans des fours à calcination transforme ce minerai carbonaté en une hématite anhydre à 50 % de fer (1).

L'épaisseur moyenne de la couche dépasse 4 mètres dans la forêt d'Halouze; elle varie entre 2 mètres et 4ᵐ 50 dans la concession de La Ferrière, et son épaisseur paraît diminuer vers le sud du massif des Monts-en-Géraume.

(1) A. Bigot: *Le Bassin minier de la Basse-Normandie, étude géologique. L'exploitation minière et le port de Caen.* (Revue Gén. Sc. pures et appliquées, 15 avril et 15 mai 1913.)

La couche ferrugineuse est très réduite ou absente dans la bande qui va de Bagnoles à Domfront.

Régime des Eaux.

Les roches de l'arrondissement de Domfront sont des roches imperméables, dans lesquelles l'eau ne peut se loger et circuler que dans les fissures et entre les plans de stratification.

L'altération superficielle des schistes, surtout des schistes précambriens, et l'altération du granite, qui donnent des argiles et des arènes, détermine un sol plus perméable.

Il n'existe donc pas de nappes importantes, mais de nombreux petits bassins souterrains, alimentant de nombreuses sources, dont le débit est presque immédiatement influencé par les chutes de pluie; ces sources coulent abondamment en hiver et au printemps; en été, leur débit est très réduit, souvent même tari.

Les cours d'eau principaux sont donc formés par la réunion d'un chevelu de petits affluents alimentés par des sources multiples et disséminées; le débit de ces cours d'eau présente donc de très grands écarts.

Sources thermales de Bagnoles.

Les sources de Bagnoles sont situées dans une gorge creusée par la Vée, transversalement à la direction du Grès armoricain; les griffons de sortie sont en relation avec des cassures qui morcèlent les couches de grès.

Le débit de la Grande Source varie entre 40 et 50 litres à la seconde; ce débit est considérable, comparativement à celui des sources de la région, qui atteint rarement 5 litres à la seconde. La température est d'environ 25° cent.

La composition chimique de l'eau de cette source la

classe dans la catégorie des sources silicatées (1 milligramme, 28 de silice par litre) et sulfatées sodiques (25 milligrammes, 9 de sulfates par litre). La comparaison des analyses de 1896 et 1907 montre de légères variations dans la composition chimique.

COMPOSITION des EAUX de la GRANDE SOURCE DE BAGNOLES

Analyse du Bureau d'essais de l'École Nationale des Mines

Les quantités sont exprimées en milligrammes et rapportées au litre

	Février 1896	Novembre 1907
Acide carbonique libre. . . .	0,63	0,49
Silice	1,35	1,28
Bicarbonate de fer.	0,22	0,16
— de chaux	0,92	1,19
Phosphate de chaux.	0,09	traces
Sulfate de chaux	0,34	0,34
— de magnésie.	0,30	0,30
— de potasse.	0,50	0,51
— de soude	1,28	1,44
Arséniate de soude.	traces	très faibles traces
Chlorure de sodium	0,164	0,144
— de lithium	traces	traces
Matières organiques	0,21	faible proportion
Total. . .	75,4	71,5

L'eau renferme des gaz dissous, composés d'azote (95 %), d'acide carbonique (5 %), d'argon (4, 5 %) et de traces d'hélium (Bouchard et Desgrez, 1896); sa radioactivité est $n = 0,36$ (Moureu, 1907).

Au point de vue de l'origine des eaux, il y a à signaler la présence de certaines substances, telles que le phosphate de chaux, le chlorure de lithium, l'arséniate de soude. La température indique que les eaux proviennent d'une profondeur d'au moins 750 mètres (degré géothermique = 30 mètres); à cette profondeur se trouve le granite ; elles lui ont emprunté l'arsenic et le soufre de ses pyrites, l'acide phosphorique de son apatite, la potasse et la soude de ses feldspaths, la magnésie de son mica, la silice de son quartz et de ses silicates.

Dans cette région de faible relief, les conditions hydrostatiques ne permettent pas aux eaux infiltrées qui ont pénétré à cette profondeur de remonter à la surface. Les eaux de Bagnoles sont des *eaux juvéniles*, provenant, suivant la démonstration de M. Armand Gautier (1), de la distillation des eaux de constitution des roches, amenées par tassement de l'écorce terrestre dans des zones profondes où la température est suffisante pour produire les réactions chimiques qui donnent à ces eaux leur composition et donner aux gaz une tension qui produit l'ascension de ces eaux.

Sols.

Les couches calcaires n'occupent qu'une surface extrêmement restreinte près de Céaucé, mais l'altération des diabases, qui sont en partie formées par des silicates calcaires (labrador et augite), donne des arènes calcaires; de Caumont a depuis longtemps appelé l'attention sur cette particularité.

Les sols résultant de l'altération du sous-sol sont donc essentiellement dépourvus de calcaire; ils sont siliceux, argileux ou argilo-sableux.

On peut classer ces sols de la manière suivante, d'après la nature du sous-sol dont ils dérivent:

(1) Armand Gautier : *La genèse des eaux thermales et ses rapports avec le volcanisme* (Ann. des Mines, 10e série, t. IX, 1906, pp. 316-370).

Sous-sol granitique. — Sur les régions dont le granite est transformé en arène, le sol argilo-sableux est moyennement perméable quand l'argile prédomine et il porte d'excellents pâturages; il est perméable, médiocrement fertile quand l'argile a été délavée; il se couvre alors de genêts, ajoncs et donne surtout des terres à sarrasin. Dans les parties où l'entraînement de l'arène a isolé les blocs du granite non altéré se développent des taillis et des bois.

Sous-sol gréseux. — Les quartzites du Grès armoricain et du Grès culminant forment des crêtes couvertes de bruyères et d'ajoncs, avec des bois de pins. Les Grès de May, s'altérant plus facilement et contenant d'ailleurs des bancs schisteux, donnent des sols argilo-sableux, avec bois et pâturages.

Sous-sol schisteux. — Les schistes précambriens et les schistes siluriens s'altèrent en donnant des argiles, assez sableuses sur le Précambrien, surtout si celui-ci est métamorphique; quand leur épaisseur est assez épaisse, elles jouent dans la composition du sol le rôle des limons.

Sous-sol alluvial. — Il résulte de l'entraînement et du mélange dans les vallées des sols précédents, surtout des parties les plus ténues, c'est-à-dire des argiles. Il est en outre riche en matières organiques, qui résultent de la fermentation tourbeuse des végétaux. Facilement humecté par l'eau, c'est un sol de prés et de prairies, quand il est convenablement assaini.

Principaux Travaux relatifs à la Région.

CARTE GÉOLOGIQUE DÉTAILLÉE DE LA FRANCE AU 1/80.000ᵉ : Feuilles 61, *Avranches*, par POTIER et DE LAPPARENT, 1879; — 44, *Coutances*, par L. LECORNU, 1882; — 45, *Falaise*, par

L. Lecornu, 1892; — 62, *Alençon*, par A. Bigot, avec la collaboration de P. Bizet et A. Letellier, 1893.

1843. — Blavier (Édouard) : Études géologiques sur le département de l'Orne, avec une carte géologique. *Annuaire de l'Orne, 94 p., 2 pl.*

1860. — Michel : I. Coupe du terrain silurien aux environs de Domfront; II. Coupe de Domfront au Mont Margantin. *B. S. G. F.*, 2ᵉ s., t. XVII, p. 698-702.

1890. — Skrodski : Description géologique du canton de Domfront. *B. S. G. Norm.*, t. XIII, p. 75-94; Carte géologique au 1/40.000ᵉ.

1891. — Bigot (A.): Esquisse géologique de la Basse-Normandie. *B. Lab. Géol.; Caen, t. I, p. 102-108.*

1892. — Letellier : Terrains au sud des collines de Normandie compris dans la Feuille d'Alençon de la Carte géologique détaillée de la France. *B. S. L. N.*, 4ᵉ s., t. VI, p. 89-106.

1901. — Pralon (L.): Note sur le minerai de fer carbonaté de Normandie et sur la calcination des carbonates au four à cuve. *Ann. des Mines*, 9ᵉ s., t. XIX, p. 125-148.

1906. — Matte (H.): Essai sur la stratrigraphie du bassin silurique de Mortain (Manche). *B. S. L. N.*, 5ᵉ s., t. X, p. 140-155. (Ch. I, Synclinal de Domfront, p. 140-155.)

1906. — De Launay (L.): Observations géologiques sur quelques sources thermales. *Ann. des Mines*, 10ᵉ s., t. IX. (Ch. II, Source thermale de Bagnoles, Orne, p. 27-34.)

1909. — Cayeux (Lucien): Les minerais de fer oolithiques de France, fasc. I, Minerais de fer primaires; Paris, Imp. Nat. (Ch. III, Minerais de La Ferrière-aux-Étangs (Orne), p. 41-113, et ch. IV, Minerais du massif du Mont-en-Géraume (Orne), p. 114-118, avec une Carte au 1/50.000ᵉ, par A. Bigot).

M. de Longuemare, qui, au début de la séance, avait remercié les conférenciers des jours précédents et ceux que l'on allait entendre, réitère ces remerciements ; c'est à eux qu'est dû le succès de ces assises scientifiques. Il exprime aussi sa gratitude aux auditeurs très fidèles, à la presse qui n'a pas ménagé son concours toujours si utile, aux autorités civiles et particulièrement à la municipalité de Domfront qui s'est acquittée si gracieusement de ses devoirs d'hospitalité; puis il déclare clos le 82e Congrès provincial et lève la séance.

Cependant, en ville, l'animation était grande et, sur plusieurs places, on dansait, en plein air, avec entrain.

Concours Agricole

Le champ de foire de Domfront, situé à la sortie de la ville, du côté de la forêt, était, dès le samedi, couvert de machines agricoles de toute espèce et, malgré son étendue, il avait fallu renoncer à y garder une place pour le concours de bestiaux, qui se tint le dimanche matin dans une prairie auprès du champ de foire. Parmi les machines amenées, aucune n'était d'un modèle nouveau, sauf peut-être une moto-batteuse. Nous avons cependant remarqué des lessiveuses et essoreuses en tôle galvanisée, fabriquées par un industriel du pays. Le jury chargé de juger ces machines, ainsi que les divers produits agricoles, était composé de MM. de Longuemare, directeur de l'Association; Langlais, directeur des Services agricoles du département de l'Orne; Perret, directeur de la ferme-école du Saut-Gautier, et Châtel, agriculteur à Saint-Georges-des-Groseilliers.

Les animaux présentés au concours étaient peu nombreux; dix-huit taureaux, vingt-cinq vaches laitières, quinze génisses représentaient la race bovine ; un seul lot de brebis; quant aux porcs, ils se faisaient remarquer par leur absence.

La qualité n'était pas plus remarquable que la quantité, et, sauf quelques taureaux, surtout dans la première classe, et quelques femelles amenées de la Manche, tous les animaux présentés ne sortaient pas de la moyenne.

Le jury, divisé en deux sections, était composé de la façon suivante : pour les taureaux et génisses, MM. Brisollier, agriculteur à Caligny ; Lagoüelle, agriculteur à Caen; Dubourg, sous-directeur de l'Association; pour les vaches laitières, MM. Hédiard, directeur des Services agricoles du Calvados; Desmazures, président du Sydicat des agriculteurs de Bayeux; Leverrier, adjoint au maire de Domfront.

Les prix destinées aux porcs et aux moutons furent en partie reportés sur certaines classes de la race bovine.

Cavalcade.

C'est un spectacle toujours ravissant et qui n'est plus à décrire que Domfront sous sa vêture de fête. Toute la flore des jardins, des champs et de la forêt, à laquelle se mêlent les couleurs nationales, pare de son éclat les grâces archaïques de l'antique cité. Celleci, dimanche, s'était faite très belle, par les soins de la collaboration de l'Union des Commerçants et de la municipalité, l'une et l'autre mues par des sentiments d'amical dévouement et de patriotisme local. On ne nous en voudra pas de mentionner parmi les quartiers les mieux décorés la place et la rue Saint-Julien, la Grande-Rue, la rue d'Alençon, la rue de la République. Si nous ne citons pas d'habitations particulières, c'est que nous craignons de commettre trop d'omissions.

Dès les premières heures, dimanche matin, les salves d'artillerie tonnaient, le tambour des pompiers battait le rappel, ce pendant que chacun mettait la dernière main au pavoisement du quartier, de sa maison ou à sa participation au cortège fleuri de l'après-midi.

Sur le champ de foire montait la rumeur des grands comices.

Une pluie fine, suivie d'une forte averse, jeta l'inquiétude dans la population. Heureusement, l'horizon s'éclaircit. Le temps se maintiendra.

Dès une heure et demie, le cortège fleuri se met en ordre et, à deux heures, M. Gallot, maire, qui veille personnellement à l'exécution ponctuelle du programme, donne le signal du départ.

Il faut renoncer à décrire, pour qui ne les a pas vus, les trésors d'ingéniosité et de bon goût dépensés par les organisateurs.

Le char de la musique, dû à l'Union des Commerçants, ouvre la marche, traîné par cinq chevaux et conduit par deux postillons de l'entreprise Guilleux; puis viennent les bicyclettes fleuries de MM. Lechevrel fils, Chanu fils, Chaponnais jeune; suit une voiture délicieusement fleurie, roses et mousse, attelée d'un fringant coursier et dans laquelle ont pris place Mˡˡᵉˢ Léger; voici, d'un joli caractère agreste, une voiture à chèvre fleurie de pâquerettes blanches et conduite par Mˡˡᵉ Sorel; élégante et superbe, une auto dans une véritable gaine de mousse et de roses, décorée par Mᵐᵉ L. Gallot; le char des enfants, dû encore à l'Union des Commerçants et dont les trois chevaux traînent une luxuriante floraison de fleurs vivantes et de fleurs champêtres; puis encore, conduite par une Normande, rose comme la fleur de nos pommiers, une voiture à âne élégamment fleurie qui transporte les enfants Roimarmier; un aéroplane fleuri, dont le jeune

pilote est l'enfant Hairy; une autre jolie voiture à chèvre, dans laquelle sont installés les enfants Ledonné;
somptueuse, sous une housse de gaze et de roses, l'au-
tomobile fleurie par Mme Maurice Leclerc; le robuste
char de l'agriculture, troisième création de l'Union des
Commerçants et du quartier Notre-Dame, avec ses
gars très couleur locale; une faneuse fleurie par
M. Louis Clouard; une coquette voiture fleurie qui
transporte Mlle Belin et deux gracieuses amies; l'atte-
lage de chien et la voiture garnie de buis de M. Le-
coq; la voiturette d'enfant, véritable panier de roses,
de Mme Christiany; l'auto fleurie, lierre et roses, de
M. Voize; les ingénieux bateaux fleuris de la Société
Sportive; le berceau de mousse, de roses et d'œillets
que constitue la voiture de Mlle Levesque; la pompe
très joliment enguirlandée de la compagnie des sa-
peurs-pompiers; le char humoristique de Domfront-
lumière avec sa cargaison de falots, lanternes, lam-
pions et bougies; enfin l'imposant char de la chasse,
quatrième création de l'Union des Commerçants, avec
ses amateurs, ses piqueurs et ses éclatantes fanfares.

De 2 heures à 4 heures et demie, le cortège circule
à travers la ville dans un ordre parfait, sans à coup,
sans incident, guidé par des commissaires qui prennent leurs fonctions au sérieux et s'en acquittent avec
adresse.

Distribution des Récompenses

A 4 heures et demie, la foule s'entasse sur la place de l'Hôtel-de-Ville pour la distribution des récompenses du concours agricole.

M. de Longuemare prononce le discours suivant :

« Messieurs,

« J'ai le devoir d'adresser tout d'abord mes remerciements au Gouvernement de la République et en particulier à M. le Ministre de l'Agriculture. Les subventions qu'il nous accorde nous permettent d'organiser nos concours annuels et de distribuer des récompenses à nos lauréats. M. le Sous-Préfet voudra bien transmettre ces remerciements, il voudra bien également exprimer à M. le Préfet de l'Orne tous les regrets que nous cause son absence, regrets d'autant plus sincères que j'aurais eu le plaisir de lui rappeler avec de lointains souvenirs les réunions de l'Association Normande qu'il présida naguère.

Messieurs, il est d'usage qu'avant de procéder à la lecture du palmarès, votre Directeur dise quelques mots d'un sujet d'actualité.

Est-il sujet plus actuel que cette pénurie de la main-d'œuvre agricole dont nous souffrons tous ? Pénurie qui se lie étroitement à un autre et grave problème, celui de la dépopulation des campagnes, problème inquiétant s'il en fut, car il menace non seulement la prospérité, mais l'existence même des milieux ruraux.

Exposer les causes de l'exode rural nous entraînerait dans de longues considérations; nous ne voulons aujourd'hui que signaler quelques-uns des remèdes possibles. En premier lieu, il faut modifier l'état d'esprit des habitants des campagnes, lutter contre des préjugés enracinés depuis longtemps. Cela doit se faire par l'enseignement à l'école, dans les réunions post-scolaires, dans des conférences, par les articles de journaux. Il sera facile de montrer combien les soi-disant avantages que rencontrent les ouvriers des villes sont illusoires; d'établir que la majoration des salaires est loin d'être correspondante à la majoration des dépenses; il faudra faire comprendre qu'à la ville, tout se paie, depuis le bois de chauffage, que le travailleur des champs ramasse et se procure gratuitement, jusqu'aux légumes, au brin de persil qui pousse abondamment à la campagne.

Il faudra opposer la mansarde obscure et malsaine des villes, dont le loyer est élevé, à la gaie maison campagnarde ensoleillée et d'un prix modique. Il faudra leur faire comprendre que l'habitant des champs transplanté à la ville est un candidat certain pour la tuberculose, leur citer notamment une statistique récente d'où il résulte qu'à Paris, sur 57.991 inscrits dans les bureaux de bienfaisance de Paris, les 4/5, soit 4.262, étaient des provinciaux venus de leurs villages (statistique de 1906). Après s'être ainsi adressé à l'intelligence de l'ouvrier, il faut profiter des lois sociales récemment votées et rendre sa situation meilleure.

Parmi ces lois, il n'en est pas de plus importante et de moins connue que celle du 12 juillet 1909, qui permet de constituer un bien de famille incessible et insaisissable. Permettre de constituer un patrimoine d'une valeur maxima de 8.000 francs sur un immeuble indivis appartenant à la communauté au mari ou même à la femme, créer une propriété nouvelle dont les caractères sont l'insaisissabilité, l'incapacité relative d'hypothèques et d'aliéner, empêcher la vente du bien par le mari sans le consentement de la femme, garantir la conservation de l'immeuble pendant la durée du mariage et jusqu'à la majorité des enfants, forcer en ce cas à rester dans l'indivision, contrairement à la loi ordinaire et à l'article 815 du Code civil. Voilà, certes, quelque chose de nouveau et de bien fait pour faire renaître la petite propriété rurale et retenir sur le sol le travailleur des champs. Or, les meilleurs ouvriers ruraux sont certainement les petits propriétaires, qui ne peuvent vivre sans travailler pour autrui, mais qui cependant espèrent par un travail opiniâtre augmenter le modeste avoir qu'ils ont créé.

L'établissement ou le maintien des petites industries rurales a également une grande importance pour lutter contre l'exode rural. Ce qui pousse souvent la femme ou les enfants à gagner la ville, c'est qu'ils espèrent y trouver un travail qui leur manque aux champs, surtout pendant la saison d'hiver; les petites industries occuperont en tout temps. Celles surtout qui permettent à la femme de rester au foyer et de gagner en élevant ses enfants doivent être encouragées au premier chef, tels, par exemple, les broderies, les tulles perlés, la dentelle, etc. Il importe enfin d'assurer une retraite et des secours aux ouvriers des campagnes dans leurs vieux jours ou en cas de maladies et de les mettre sur un pied d'égalité avec les ouvriers des villes, qui peuvent s'adresser à des bureaux de bienfaisance richement dotés. Avec les lois nouvelles, rien de plus facile.

Les retraites ouvrières, les lois d'assistance doivent maintenant fonctionner avec la même régularité dans la campagne la plus reculée que dans le centre le plus populeux. Il faut que les ouvriers ruraux le comprennent bien et qu'ils voient même clairement que, dans un milieu moins populeux, ils obtiendront plus facilement, plus rapidement et plus sûrement les avantages et les secours que le législateur a mis à leur disposition.

C'est un peu, il me semble, l'œuvre des Sociétés d'agriculture, des Comices, des Syndicats de faire pénétrer ces vérités dans les milieux avec lesquels ils sont en contact. Les avantages matériels qu'ils procurent à leurs membres sont quelque chose, beaucoup même. Mais leur influence morale est plus encore; ils doivent le comprendre et mettre en bonne place leur rôle d'éducateur. Ainsi, espérons-le, pénétrera peu à peu dans la masse rurale une plus juste appréciation des choses. Ce n'est pas d'hier que les sociologues ont dit, que les poètes ont chanté la félicité des agriculteurs et le charme des champs; il faut maintenant convaincre les incrédules en leur montrant les avantages matériels qu'ils trouveront à la campagne.

C'est le seul moyen d'enrayer ce mouvement incessant vers les centres urbains, de lutter contre l'attirance néfaste des villes, et ce pour le plus grand bien de notre pays et aussi pour le plus grand bien de la patrie normande. C'est, en effet, chez les travailleurs des champs qu'elle trouve ses défenseurs les plus sûrs et les plus robustes.

Nous ne voulons pas médire des richesses du sous-sol normand, mais, malgré les mines qui se creusent de toutes parts, malgré les hauts fourneaux qui s'élèvent, nous espérons que l'agriculture restera longtemps encore la plus grande richesse de notre province et que ses enfants n'abandonneront pas le travail de la terre, qui ennoblit l'homme et élève son âme. »

Il est ensuite donné lecture du rapport ci-dessous sur la visite du jury de l'Association Normande aux exploitations agricoles.

Rapport sur la Visite des cultures de l'arrondissement de Domfront.

La Commission chargée de visiter et classer les exploitations de l'arrondissement de Domfront, concourant pour les prix de bonne culture, était composée de MM. Dubourg, sous-directeur de l'Association ; Lagouelle, éleveur à Caen, et Bernier, maire de Bellou-en-Houlme. Elle a procédé à cette visite le mardi 19 mai.

Dix agriculteurs de toutes les parties de l'arrondissement s'étaient fait inscrire; ils ont été répartis en quatre catégories, suivant l'étendue et la nature de leurs exploitations.

1ʳᵉ CATÉGORIE

PROPRIÉTAIRES EXPLOITANTS

M. A. Brisollier, au village de la Croix-à-la-Main, à Caligny, cᵒⁿ de Flers, est propriétaire d'environ 40 hectares des meilleurs fonds du département, et il les cultive avec le plus grand soin. Ses terres en labour sont propres et bien plantées, la récolte, malgré la saison peu favorable, donne les plus belles espérances; nous avons remarqué notamment une pièce de blé, appelé inversable de Suède, et qui nous a paru se rapprocher beaucoup du Teverson. Les herbages, en partie créés depuis peu d'années par M. Brisollier, sont parfaitement tenus; quelques haies ont été défrichées, d'autres, au contraire, refaites, pour permettre une meilleure utilisation du sol. La plupart de ces herbages sont plantés d'arbres jeunes et vigoureux, greffés en espèces de choix et donnant des fruits en abondance. D'ailleurs, le propriétaire a créé une pépinière où il élève et greffe les arbres dont il a besoin; il vend même tous les ans quelques sujets, car la réputation de son plant lui vaut de nombreuses demandes.

Mais M. Brisollier n'est pas seulement un cultivateur soigneux, c'est aussi un éleveur de premier ordre. Nous avons vu dans son écurie deux excellentes juments percheronnes, suitées de bons poulains. Dans ses herbages, des bœufs superbes sont déjà presque prêts; à côté sont de belles vaches laitières et surtout des génisses de tout âge en grande quantité et toutes d'une qualité au-dessus de la moyenne; nous en avions d'ailleurs la preuve au concours du 7 juin. Enfin, pour achever le portrait du cultivateur et de l'éleveur, nous ajouterons que M. Brisollier a su inspirer à son fils l'amour de la terre, et qu'il sait garder ses domestiques: l'un d'entre eux n'a pas moins de trente-sept années de présence chez lui.

Nous sommes donc heureux de pouvoir attribuer à M. Brisollier le prix d'honneur de sa catégorie, une médaille de vermeil, offerte par M. Roulleaux-Dugage, député.

2ᵉ CATÉGORIE

FERMIERS

1ʳᵉ Section. Cultivateurs exploitant trente hectares et au-dessus.

M. Jules Poussier, cultivateur à La Fresnaye, commune de Bellou-en-Houlme, cᵒⁿ de Messei, a pris a son compte depuis huit ans, une ferme de 53 hectares, appartenant à M. Cormaille, précédemment louée à M. Poussier père, qui l'a cultivée pendant 23 ans et y a élevé de nombreux enfants, tous cultivateurs. Entre les mains de M. Jules Poussier, elle a continué à prospérer. Située en bordure d'un bon chemin vicinal et d'un seul tenant, l'exploitation en est facile. La maison d'habitation et tous les autres bâtiments, admirablement tenus, sont, suivant l'usage du pays, disséminés au milieu d'un vaste plant de pommiers et de grands poiriers. Tout autour du plant sont répartis les herbages, où paissent une cinquantaine de têtes de gros bétail, dont dix vaches à lait, deux taureaux et onze bœufs de graisse. Ces herbages, propres et nets de toutes mauvaises herbes, aux haies et clôtures bien entretenues, prouvent que l'œil du maître veille à tout. Les animaux à l'engrais, presque tous élevés sur la ferme, sont de très bonne sorte et bientôt prêts à partir. Parmi eux sont deux bœufs de race mancelle, à titre d'essai, et M. Poussier, qui ne peut se suffire comme élevage, se propose de continuer dans cette voie si le résultat est satisfaisant. Un des taureaux, récemment acheté dans les environs d'Argentan, est superbe, comme d'ailleurs la majeure partie des vaches à lait, qui nous ont fait une excellente impression, bien que notre passage eût un peu trop fait retarder la traite; les jeunes veaux d'élevage, issus de pareils producteurs, promettent d'être généralement très bons.

Six chevaux ou juments de gros trait, dont deux suitées, assurent le travail de la ferme, qui comprend encore, malgré la création récente de nombreux herbages, environ 8 hectares de labour.

Les céréales cultivées sont propres et vigoureuses; le blé, de la variété Téverson, promet un bon rendement; l'avoine de Ligowo est très vigoureuse.

En somme, la Commission, très satisfaite de ce qu'elle a pu voir, attribue à M. Jules Poussier le prix d'honneur, coupe d'argent, offerte par l'Association.

———

M. Auger est propriétaire à La Lilière, commune de Ménil-Ciboult, canton de Tinchebray, d'une ferme exploitée depuis plus de trente-cinq ans par la famille Anfray, et depuis quatorze ans par **M. Alexandre Anfray**. Cette ferme est à peu près également composée de labours et d'herbages. Une partie de ces herbages ont été créés par M. Alexandre Anfray, qui a défriché de nombreuses haies, de façon à réunir plusieurs petites pièces et à tirer ainsi un meilleur parti du sol. Lors de notre visite, les herbages et les cultures souffraient visiblement de conditions climatériques fâcheuses; nous avons vu, entre autres, une pièce de trèfle fortement abîmée par des gelées tardives.

Le mobilier vif, cinq vaches à lait, une dizaine de veaux de l'année et quinze jeunes génisses ou bœufs, nous a paru de bonne qualité, ainsi que les quatre juments percheronnes qui font le travail de la ferme et produisent assez régulièrement de bons poulains.

M. Anfray est doué d'un esprit chercheur et curieux de tous les progrès. Il a découvert dans un de ses herbages, qui pour la plupart manquaient d'eau, une source abondante et avantageusement située; aussitôt il s'est mis à l'œuvre et, secondé par son propriétaire, il a établi un système de canalisation et un ensemble d'auges en ciment armé lui permettant d'avoir toujours et à volonté de l'eau fraîche et saine dans chacune de ses pièces; il a, en outre, et dans les mêmes conditions, établi un lavoir à peu de distance de l'habitation. C'est encore un architecte audacieux. Les bâtiments de la ferme étant pour partie, ou en mauvais état ou insuffisants, il a, avec l'autorisation et le concours de son propriétaire, qui d'ailleurs y trouvait un sérieux bénéfice, reconstruit une grange et une étable dans de très bonnes conditions ; mais, cependant, nous avons été frappés de la légèreté, peut-être excessive, de la charpente, et nous ne pouvons préjuger ce que lui réserve l'épreuve du temps.

En raison du travail opéré par M. Anfray sur les terres qu'il exploite, nous lui décernons une médaille d'argent grand module.

Il y a quatorze ans que **M. Amand Crouillebois** a succédé à son père, qui cultivait depuis trente-deux ans la ferme de Quincé, à La Baroche-sous-Lucé, dans le canton de Juvigny-sous-Andaine.

Les terres de l'exploitation sont en général de qualité médiocre, humides et froides et d'une culture difficile; aussi M. Crouillebois en a-t-il converti la plus grande partie en pâtures et, sur une contenance totale de 40 hectares, il ne laboure plus guère que 7 hectares environ. Très bien secondé par ses deux fils, âgés l'un de 16, l'autre de 15 ans, il tire de sa ferme le meilleur parti possible. Nous avons constaté que les labours étaient soignés, que les récoltes paraissaient devoir être

bonnes; nous avons surtout remarqué une très belle
pièce de trèfle incarnat.

Outre cinq juments poulinières, le mobilier vif se
compose de cinq bonnes vaches à lait, deux taureaux,
une vingtaine d'élèves d'un et deux ans et quelques
brebis suivies de leurs agneaux.

L'ensemble est satisfaisant et justifie l'attribution
d'une médaille en argent.

———

Les 40 hectares de terre formant la ferme du Mesnil-
Frémont, commune de Saint-Bômer, canton de Domfront, que fait valoir depuis 32 ans **M. Fouquet,** fermier
de Mme Lemardelay, sont d'une autre qualité que les
terres de Quincé, aussi n'en trouvons-nous que le quart
environ en herbe, tout le reste est en culture. M. Fouquet est un laboureur émérite, ses terres sont propres
et engraissées avec soin, aussi obtient-il des résultats
remarquables. Ses 9 hectares de blé, ensemencés avec
du blé depuis longtemps acclimaté, font espérer
une abondante récolte ; l'avoine, de la variété rouge
à grappes, très estimée dans la région, est également
très bonne, et si, comme cela s'est déjà produit, paraît-
il, elle n'atteint pas 50 hectolitres à l'hectare, elle
pourra cependant en approcher. Les vieux arbres qui
entourent la ferme, ainsi que de jeunes pommiers,
plantés dans un labour de l'autre côté du chemin d'accès, sont eux aussi bien soignés. Six vaches de bonne
qualité, une trentaine d'élèves et cinq juments compo-
sent le mobilier vif.

Nous estimons que M. Fouquet mérite lui aussi une
médaille d'argent.

2ᵉ Section. — Fermiers exploitant moins de trente hectares.

Depuis 1840, la ferme de la Basse-Cour, située sur Saint-Front, auprès du château de Mᵐᵉ Dornois, dans le canton de Domfront, est cultivée par la famille Boullent. **M. Charles Boullent,** fermier actuel, est un homme actif et soigneux; il a installé dans les bâtiments de la ferme un moteur Legrand, avec lequel il actionne un moulin, un broyeur à pommes, etc. Les 25 hectares dont il a la jouissance sont assez bien plantés et les fruits à cidre donnent un produit très appréciable. Le mobilier vif compte deux fortes juments suitées de très bons poulains, cinq vaches à lait et un assez grand nombre d'élèves de tout âge. Comme presque tous les éleveurs du pays, M. Boullent engraisse ses jeunes bœufs à l'étable et les vend au printemps lorsqu'ils viennent à prendre trois ans. Peut-être serait-il plus avantageux pour la région de faire un plus grand nombre d'élèves, en ayant des vaches à lait plus nombreuses et en vendant à l'automne les bœufs maigres, vers leur vingt-septième ou vingt-huitième mois.

Les terres en labour, qui entrent pour deux tiers dans la composition de la ferme, sont très bien tenues; les récoltes, belles et vigoureuses, prouvent que le sol est en état de vieille date et promettent un rendement satisfaisant. Nous avons remarqué une belle pièce de méteil, car on en fait encore dans cette région. Pour ces motifs, nous attribuons à M. Charles Boullent une médaille de vermeil.

Auprès de la ferme de la Basse-Cour et dépendant de la même propriété est située la ferme de la Rouillière,

exploitée depuis trente-sept ans par la famille de
M. Louis Boullent et par lui-même depuis vingt-cinq
ans. Comme son cousin et voisin, M. Louis Boullent
élève chaque année deux ou trois bons poulains et un
certain nombre de bœufs; comme lui encore, il fait du
blé de pays, du méteil, de l'avoine à grappes. La ferme
ne contient que 22 hectares, les terres qui la constituent
sont d'un accès moins facile, plus pénibles à exploiter;
nous les avons cependant trouvées bien tenues; les récoltes sont bien plantées; la quantité et la qualité du
bétail sont à peu près équivalentes à celles de la ferme
de la Basse-Cour; nous avons donc décidé de donner à
M. Louis Boullent une médaille d'argent.

Tout à fait à l'extrémité du département et même de
la province, dans le canton de Passais, touchant la
Mayenne, **M. Pierre Roullin** fait, depuis quinze ans,
valoir une ferme sise commune de L'Épinay-le-Comte
et appartenant à M. Taillandier; elle contient environ
20 hectares. La cour de la ferme est propre et spacieuse,
les bâtiments bien aménagés, aucun détail n'est négligé. Nous avons vu autour de la ferme deux juments
suitées, quatre vaches à lait, une dizaine de jeunes
veaux, un bon taureau à l'étable. Dans un herbage
nouvellement créé par M. Roullin, mais un peu éloi-
gné de la ferme, nous avons trouvé quatre bons bœufs
presque prêts. Les terres en labour nous ont paru bien
cultivées et spécialement une pièce de blé Carlier rouge.
Nous estimons que M. Roullin tire judicieusement parti
de sa ferme et nous lui attribuons une médaille
d'argent.

3ᵉ CATÉGORIE

SPÉCIALITÉS

Plants de Pommiers

1ʳᵒ Section. — Propriétaires.

M. A. Châtel exploite lui-même, aux portes de Flers, mais sur la commune de Saint-Georges-des-Groseilliers, une propriété composée pour la majeure partie d'herbages plantés. La contenance totale de ces plants est de 5 hectares, divisés en cinq parcelles à peu près de même étendue. La première plantation date de trente ans, les autres de quinze, quatorze ou treize ans. Les arbres sont plantés à 10 mètres sur tous les sens dans des fosses rondes de 3 mètres de diamètre sur 0ᵐ50 de profondeur. La bonne terre est remise dans le fond de la fosse, le pommier placé bien d'aplomb dessus, puis les racines, soigneusement allongées, sont recouvertes de terre de route ou de haies, et le tour de la fosse, garni de vignots, est rempli avec le surplus de la terre extraite de la fosse; il reste ainsi une légère différence de niveau tout autour de la fosse, qui, en arrêtant l'eau de pluie, lui permet de pénétrer plus facilement, car, dans le terrain de Saint-Georges, les jeunes arbres sont sujets à souffrir de la sécheresse. Après la plantation, chaque pommier est entouré de quatre piquets de bois réunis par des planchettes assez serrées pour mettre le jeune arbre entièrement à l'abri des atteintes des bestiaux. Tous les deux ans, M. Châtel badigeonne ses arbres avec une bouillie composée de sulfate de fer et de chaux, cette dernière entrant pour 10 pour cent dans la composition du mélange.

Un quart environ des pommiers est de première saison, un quart de seconde, moitié de troisième. Tous les arbres qui ne s'affruitent pas régulièrement sont regreffés sur les branches. Les espèces ont été choisies parmi les meilleures du pays; quelques-unes ont été importées et choisies d'après les essais faits dans les divers concours ou congrès que suit assidûment M. Châtel. Nous avons remarqué plus particulièrement les différentes variétés de Fréquin et de Bedan, le Marin Onfroy, la Médaille d'Or, le Doux Vent, le Doux Lozon, appelé à Saint-Georges le Villedieu, le Doux Évêque, le Gros Bois, appelé pomme de Bayeux, la Fertile de Falaise, la Grosse et la Petite Moussette, le Bosc Roger et, parmi les pommes à deux usages, la Reinette de Caen, la Reinette Grise, etc. Nous avons été surpris de n'y pas voir la Rousse de l'Orne, si appréciée dans la région, toute voisine, de Putanges, d'où elle se répand dans le Calvados. M. Châtel entoure ses arbres de soins éclairés et constants, aussi sont-ils magnifiques, et tous les ans, ils produisent en abondance. Lors de notre visite, la deuxième fleur était en pleine floraison et la première montrait des fruits bien assurés et trop nombreux. Nous attribuons à M. Châtel, déjà lauréat dans un grand nombre de concours, une médaille de vermeil.

2ᵉ Section. — Fermiers.

M. **Alcide Chauvoin**, aux portes de Flers lui aussi et sur le territoire même de la commune, exploite, au lieu dit les Petits Closets, un peu plus de 7 hectares d'herbages admirablement plantés et appartenant à la famille Bohin, des environs de Laigle. Les arbres, très nombreux, ont de trente à quarante ans de plantation. Ils sont en général espacés de 10 mètres sur 12 mètres et sont très vigoureux. M. Chauvoin, qui sait quel pro-

duit ils peuvent lui donner, les traite avec respect et
les soigne avec amour; il est d'ailleurs, par les conditions de son bail, tenu de remplacer ceux qui viendraient à manquer. A l'occasion, il choisit ses sujets
avec soin, les greffe en bonnes variétés fertiles et bien
acclimatées, ce qui lui assure des fruits en abondance,
dont sa situation aux portes d'une ville industrielle lui
permet de tirer un excellent parti.

Nous proposons de lui décerner un médaille d'argent.

Pour la Commission :

R. DUBOURG,

Sous-Directeur de l'Association Normande.

Lecture est ensuite donnée de la liste des récompenses.

LISTE DES LAURÉATS

Concours de bonne culture.

1ʳᵉ Catégorie (Grande culture)

PROPRIÉTAIRE-EXPLOITANT

Prix unique, médaille de vermeil grand module, offerte par M. Roulleaux-Dugage, député. — M. A. Brisollier, propriétaire, à Caligny.

FERMIERS

Prix d'honneur, coupe d'argent. — M. Jules Poussier, à Bellou-en-Houlme.

2ᵉ *prix, médaille d'argent grand module,* offerte par Mˡˡᵉ de Beaurepaire, en souvenir de M. de Beaurepaire, ancien directeur de l'Association, M. Alexandre Anfray, à Ménil-Ciboult.

3ᵉ *prix ex-æquo, médaille d'argent.* — M. Auguste Fouquet, à Saint-Bômer-les-Forges ; M. Amand Crouillebois, à La Baroche-sous-Lucé.

2ᵉ Catégorie (Moyenne culture)

1ᵉʳ *prix, médaille de vermeil grand module.* — M. Charles Boullent, à Domfront (Saint-Front).

2e prix ex-æquo, médaille d'argent.— M. Pierre Roullin, à l'Épinay-le-Comte; M. Louis Boullent, à Domfront (Saint-Front).

Spécialités

Plants de Pommiers

1re SECTION

Prix unique, médaille de vermeil. — M. Châtel, à Saint-Georges-des-Groseillers.

2e SECTION

Prix unique, médaille d'argent grand module, offerte par la Société des Agriculteurs de France. — M. Alcide Chauvin, à Flers.

Concours d'Animaux

ESPÈCE BOVINE

1re Classe. — Taureaux de deux à quatre dents.

1er *prix*, 150 *fr.* — M. Titard, à Geneslay.
2e *prix*, 75 *fr.* — M. Alexandre Bernier, à Bellou-en-Houlme.
3e *prix*, 50 *fr.* — M. Emile Leboulanger, au Teilleul (Manche).
4e *prix* (créé), 25 *fr.* — M. Mongodin, au Teilleul.
Mention honorable. — M. Ferdinand Mustière, à Domfront.

2e Classe.— Taureaux ayant toutes leurs dents de lait.

1er *prix*, 100 *fr.* — M. Jouin, à Sourdeval-la-Barre.
2e *prix*, 75 *fr.* — M. Léon Jourdan, à La Haute-Chapelle.

3ᵉ *prix*, 50 *fr.*— M. Ferdinand Mustière, à Domfront.

4ᵉ *prix* (créé), 25 *fr.* — M. Virgile Paris, à Messei.

Mention honorable. — M. Émile Leboulanger, au Teilleul.

3ᵉ Classe.— Vaches laitières.

1ᵉʳ *prix*, 150 *fr.* — M. André François, à Couvains (Manche).

2ᵉ *prix*, 100 *fr.* — M. Brisollier, à Caligny.

3ᵉ *prix*, 75 *fr.* — M. Perret, à Domfront (Le Saut-Gautier).

4ᵉ *prix*, 50 *fr.* — M. Victor Burel, à Champsecret.

5ᵉ *prix*, 25 *fr.* — M. Eugène Renault, à Céaucé.

Mentions honorables. — MM. Jules Poussier, à Bellou-en-Houlme; Auguste Lamy, à La Haute-Chapelle, et Perret, à Domfront.

4ᵉ Classe. — Génisses de deux à quatre dents.

1ᵉʳ *prix*, 150 *fr.* — M. André Brisollier, à Caligny.

2ᵉ *prix*, 75 *fr.* — M. André François, à Couvains.

3ᵉ *prix*, 50 *fr.* — M. Paul Guillochin, à Saint-Maurice-du-Désert.

5ᵉ Classe. — Génisses ayant toutes leurs dents de lait.

1ᵉʳ *prix*, 50 *fr.* — M. André François, à Couvains (Manche).

2ᵉ *prix*, 25 *fr.* — M. Victor Feuillet, à Domfront.

Mention honorable. — M. Perret, à Domfront.

Prix d'ensemble.

1ᵉʳ *prix, médaille de vermeil.* — M. Perret, à Domfront, pour sa bande d'animaux de l'espèce bovine.

2ᵉ *prix ex-æquo, médaille d'argent*, de la Société des Agriculteurs de France. — MM. André Brisollier, à Caligny; André François, à Couvains.

ESPÈCE OVINE

FEMELLES

Prix unique, 20 *fr.* — M. Henri Sébault, à Domfront.

Animaux de basse-cour.

1er *prix*, 20 *fr.*— M. Bulon, à Saint-Bômer-les-Forges.
2e *prix*, 10 *fr.* — M. Lallouette, à Domfront.
3e *prix*, 10 *fr.* — M. Keller, à Tinchebray.
4e *prix*, 10 *fr.*, M. Prieur, à Flers.
5e *prix*, *médaille d'argent*. — M. Buron, à Céaucé.
6e *prix*, *médaille de bronze*. — M. Desnos, à Domfront.

Prix d'ensemble.

Médaille d'argent grand module. — M. Bulon, à Saint-Bômer.

Instruments agricoles.

Médaille d'argent. — MM. Fauvel et Prieur, à Flers, instruments agricoles de leur fabrication.

Exposition d'Instruments agricoles.

Médaille d'argent. — MM. Louis Clouard, à Domfront; Launay, ferblantier, à Domfront.
Médaille d'argent. — MM. Léon Pétron, à Domfront; Lehec, à Saint-Mars-d'Egrenne.
Médaille de bronze. — M. Dudouet, à Dompierre.

Industries diverses.

Cidre.

1ᵉʳ *prix, médaille d'argent grand module.* — M. Rossignol, brigadier de gendarmerie, à Juvigny-sous-Andaines.

2ᵉ *prix, médaille d'argent.* — M. Fiault, à Saint-Fraimbault-sur-Pisse.

3ᵉ *prix, médaille de bronze grand module.* — M. Alfred Blanchetière, à Torchamp.

4ᵉ *prix, médaille de bronze grand module.* — M. Alfred Barré, à Domfront.

Poiré.

1ᵉʳ *prix, médaille d'argent.* — M. Fiault, à Saint-Fraimbault-sur-Pisse.

2ᵉ *prix, médaille de bronze.* — M. Ernest Lebossé, à Saint-Roch-sur-Egrenne.

Eau-de-vie de poiré.

1ᵉʳ *prix, médaille d'argent.* — M. Alfred Blanchetière, à Torchamp.

2ᵉ *prix, médaille de bronze.* — M. Louis Boullent, à Domfront.

Eau-de-vie de cidre.

Médaille d'argent. — M. Alfred Blanchetière, à Torchamp.

Beurre.

1ᵉʳ *prix, médaille d'argent.*— M. Perret, à Domfront.

2ᵉ *prix médaille d'argent.* — Mᵐᵉ Levêque, à la Haute-Chapelle.

Miel.

Médaille de bronze, grand module. — M. Pierre Roullin, à l'Epinay-le-Comte, pour ses miel et cire.

Divers

Médaille d'argent grand module. — M. Lefranc, professeur en retraite à Domfront, pour ses cartes postales et ses albums documentaires.

Médaille d'argent grand module. — M. Louis Peccatte, à La Sauvagère, pour son volume de poésie intitulé *Ma Sauvagère.*

Grande médaille de vermeil des Agriculteurs de France.— M. Bouchard, ingénieur agronome, régisseur à Dieufit.

Médailles d'argent. — M. X..., agent comptable à Dieufit; M. Saire, chef piqueur à Dieufit, pour la bonne tenue des écuries à l'exploitation agricole de Dieufit.

Vieux Serviteurs.

40 *fr.* — M. Arsène Leconte, chez M. Brisollier, à Caligny, 37 ans de services.

30 *fr.* — M. François Chevallier, chez M. Bernier, à Bellou-en-Houlme, 30 ans de services.

25 *fr.* — M. Arsène Lenain, chez Mme veuve Ménard, à Caligny, 21 ans de services.

Enseignement agricole

Médaille de vermeil. — M. Perret, directeur de la ferme école du Saut-Gautier (Domfront).

Médailles d'argent. — MM. Granier Hilaire, Bréant

Léopold, chefs de culture de la ferme école du Saut-
Gautier.

Médailles de bronze, grand module. — MM. Ferret
Octave, Gaubert Francis, élèves de seconde année de la
ferme école du Saut-Gautier.

Médailles de bronze.— MM. Masselin Bernard, Zohar
Abraham, élèves de 1re année de la ferme école du Saut-
Gautier.

Médaille d'argent, grand module. — M. Paris, président du syndicat agricole de Sainte-Opportune, pour
ses études sur la culture du pommier.

Médaille de bronze. — M. Lossendière, à Domfront,
pour son noir animal.

Avant de lever la séance, M. le Sous-Préfet de Domfront tient à exprimer les regrets de M. le Préfet de
l'Orne, qui n'a pu venir à Domfront; il assure l'Association Normande de la sympathie des pouvoirs publics
et il la remercie, ainsi que son Directeur, de tout ce
qu'elle a fait pour la cause de l'agriculture.

Banquet.

A sept heures, à l'hôtel du Commerce, un banquet était offert par la Municipalité à l'Association Normande.

Au dessert, M. le Maire de Domfront se lève le premier et porte le toast suivant :

« Messieurs,

« L'heure n'est pas aux longs discours, et je m'en voudrais d'interrompre plus qu'il ne convient les joyeux propos du dessert, fruits de cette « chaleur communicative des banquets » dont nous savourons le charme.

Mais, avant que s'éteignent les derniers bruits de la fête, j'ai à remplir un devoir très doux : payer un juste tribut de reconnaissance à tous ceux auxquels la ville de Domfront doit les belles journées qui viennent de s'écouler.

A vous, d'abord, grand merci, M. le Directeur et MM. les Membres de l'Association Normande. En fixant ici vos assises de 1914, vous avez voulu, j'en suis sûr, rendre hommage au glorieux passé de la cité et fournir une impulsion nouvelle au progrès économique de la région agricole et industrielle dont elle est le centre. Vous avez ainsi donné à la Municipalité et à la population tout entière une marque de confiance et de sympathie dont elles garderont la mémoire fidèle.

Merci à mes dévoués adjoints, à mes collègues du Conseil municipal, qui m'ont secondé avec un amical empressement; à la presse, qui, par une publicité désintéressée, a répandu le programme de vos concours et de nos fêtes et contribué largement à leur succès.

Merci à l'Union des Commerçants domfrontais; elle ne compte guère qu'une année d'existence, mais elle a déjà prouvé sa vitalité et son utilité; le défilé fleuri dont elle avait assumé l'organisation lui a fait honneur.

Merci à notre jeune Société de préparation militaire, dont les pupilles, dociles à la direction et à l'entraînement des hommes méritants qui sont à leur tête, nous ont apporté un appoint justement apprécié.

Merci à notre vaillante fanfare, au sein de laquelle vétérans et recrues vivent dans l'harmonie et pour l'harmonie, rivalisant de zèle au profit de leurs concitoyens.

Merci aux commissaires vigilants qui ont assuré partout le bon ordre et la sécurité; aux habitants de Domfront, qui, une fois de plus, transformèrent, pour recevoir dignement leurs hôtes, les rues en berceaux de verdures et réalisèrent des merveilles d'entrain, d'initiative et de goût.

Permettez-moi, Messieurs, d'offrir des remerciements particulièrement vifs aux aimables Domfrontaises; les unes ont, de leurs doigts de fées, tressé, pour la joie de nos yeux, les coquettes guirlandes qui recouvrent certains quartiers d'un véritable réseau verdoyant; d'autres ont disposé avec une patience et un art infinis, sur les véhicules les plus divers, les feuillages et les fleurs dont nous avons admiré tantôt le gracieux effet.

Je n'aurai garde d'oublier — car il faut avoir la reconnaissance de l'estomac comme celle du cœur — la bonne hôtelière qui nous a servi ce réconfortant banquet, ni l'émule de Vatel qui a présidé à l'exécution du menu.

Vous connaissiez Domfront sous un jour plutôt rébarbatif, Messieurs les Membres de l'Association Normande. C'était, pour vous, l'antique citadelle « sourcilleuse sur son roc, la ville à jamais célèbre par ses quatorze sièges, par sa justice sommaire et expéditive.»

Vous avez pu constater que tout cela est changé; si, comme je vous le déclarais l'autre soir, les Domfrontais restent fiers de leurs belliqueux ancêtres, ils sont devenus pourtant, depuis des générations, gens abordables et des plus accueillants, à telle enseigne que le vieux dicton de Jean Barbotte s'en est trouvé modifié. On dit maintenant :

Ville de Domfront, ville de bonheur,
Arrivé à midi, complet à une heure.

et nul ne saurait nier qu'on y prend « le temps de dîner ».

J'espère que Domfront, sous ce nouvel aspect, ne vous laissera point un trop mauvais souvenir et que vous ne serez pas soixante-deux ans sans y revenir.

Messieurs,

Je vous invite à lever vos verres à la prospérité de l'Association Normande.

Je bois à la santé de son très distingué Directeur et des aimables collègues qui ont bien voulu lui faire escorte.

A la santé de tous nos hôtes.

A la santé enfin de notre excellent Sous-Préfet, mon ami Roimarmier, qui représente ici, avec une autorité si bienveillante, le Gouvernement de la République. »

M. le Sous-Préfet de Domfront prend ensuite la parole en ces termes :

« Messieurs,

« Je vous fais d'abord toutes mes excuses de n'avoir pu assister comme je l'aurais voulu à toutes vos conférences et à vos excursions. Mais le plus privé a été certainement moi-même.

Les visites, en votre érudite compagnie, à nos sites, à nos centres miniers, à notre Ferme-École du Saut-Gautier, à nos vestiges du passé, à tout ce que nous pouvions vous offrir enfin et qui était si digne de retenir votre attention, eussent été pour moi de petits voyages enchanteurs et de véritables parties de plaisir, de vivantes leçons de choses aussi et une occasion unique de m'instruire davantage.

Ne dit-on pas des Parisiens qu'ils sont les premiers des Français à connaître le moins bien Paris ? Je crains qu'il en soit parfois à peu près de même pour les provinciaux et qu'on puisse nous appliquer le même adage, en nous reprochant d'ignorer d'abord les beautés qui nous entourent.

Aussi, Messieurs, est-ce de cela qu'il convient particulièrement de vous louer : de nous faire connaître et de nous apprendre à aimer notre province de Normandie, qui est, certes, un des plus beaux apanages de notre chère patrie.

Vous faites naître en vos concitoyens une noble émulation; vous vous efforcez de rattacher à leur pays d'origine ceux qui ont eu le bonheur d'y naître et d'y vivre jusqu'à l'âge d'homme; vous traitez tous les sujets : sciences, littérature, histoire, arts, agriculture, avec une compétence et un souci de l'exactitude que vous assurent les hommes éminents dont vous vous entourez. Vous donnez à chacun les moyens d'observer et de comprendre; en un mot, vous accomplissez la plus belle œuvre qui soit.

Cette œuvre, Messieurs, vous n'ignorez pas qu'elle est aussi celle du Gouvernement de la République, qui, depuis plus de quarante ans, par toute une série de lois et d'institutions, a donné un essor inconnu jusqu'alors à l'enseignement sous ses multiples formes et surtout à l'agriculture.

Celle-ci connaît, en effet, actuellement une prospérité due évidemment au labeur plus rationnel des cultivateurs, mais aussi aux connaissances scientifiques, qui, comme le faisait justement remarquer l'éminent doyen de la Faculté des Sciences, M. Bigot, doivent toujours tendre à trouver leurs applications dans toutes les branches de l'activité humaine.

Le Gouvernement, que j'ai l'honneur de représenter, Messieurs, n'a jamais rien négligé dans ces différents ordres d'idées pour contribuer à développer aussi la puissance économique et la beauté artistique de la France, et on doit bien reconnaître avec justice que les encouragements qu'il donne et la protection qu'il assure à toutes les associations qui, comme la vôtre, se consacrent aux grandes, belles et utiles choses, sont aussi un des éléments importants du progrès sans cesse poursuivi et réalisé.

Au nom de M. le Préfet, qui m'a chargé de vous exprimer tous ses regrets de n'avoir pu venir ici et que j'ai le grand honneur de représenter :

Je bois, Messieurs, à l'Association Normande et à tous ceux qui, par leur valeur, assurent sa vitalité et sa puissance d'action.

Je vous convie à lever aussi vos verres en l'honneur de l'homme éminent qui préside aux destinées de la France et qui contribue lui aussi, dans l'accomplissement de sa haute fonction, à mettre en lumière toutes les manifestations particulières de la vie et de l'activité provinciales, constitutives du grand effort national pour une France toujours plus prospère et toujours plus belle.

A M. Raymond Poincaré, président de la République française. »

M. de Longuemare, directeur de l'Association Normande, répond en ces termes :

« Messieurs,

« Le dimanche soir, l'heure des toasts est pour le Directeur de l'Association Normande l'heure des remerciements et aussi l'heure des adieux. Mes remerciements, je vous les adresse très sincères. Je connaissais votre belle cité, d'abord par les historiens qui ont parlé de ses gloires militaires, par les poètes qui ont chanté son charme, mais je la connaissais surtout par ce que j'en avais entendu dire par un vénéré disparu auquel m'attachaient des liens très chers et dont je salue la mémoire. Pendant plusieurs années, il présida votre Tribunal et il avait conservé de votre ville le plus affectueux souvenir, et ce n'était jamais sans émotion qu'il parlait des amitiés qu'il y avait laissées. Moi-même, il y a quelque trente ans, j'avais passé quelques jours dans vos murs, j'avais parcouru vos forêts, vos environs si pittoresques, et il m'était resté de Domfront et de ses habitants un souvenir enchanteur.

Ces souvenirs, je les ai retrouvés entiers; votre amabilité, M. le Maire, les mille attentions dont nous avons été l'objet, les belles fêtes que vous avez organisées, tout cela forme, avec les souvenirs du passé, un tout harmonieux; je ne distingue plus les amis d'hier des amis d'aujourd'hui et j'envie la bonne fortune de ceux qui habitent votre cité; comme M. le Maire l'a dit heureusement, je salue Domfront, « ville de bonheur. »

Ce banquet marque aussi la fin de notre Congrès, l'heure des adieux; c'est avec tristesse, croyez-le bien, que je prononce ce mot. Votre amabilité, M. le Maire, nous a été droit au cœur et nous ne l'oublierons pas, pas plus que nous n'oublierons la sympathie que nous a témoignée M. le Sous-Préfet, sympathie qu'il voulait bien nous exprimer de nouveau tout à l'heure en termes si gracieux et dont il nous assurait au nom du Gouvernement de la République, qu'il représente si dignement. Soyez remerciés l'un et l'autre et recevez personnellment l'assurance de notre gratitude et de notre fidèle souvenir.

Je lève mon verre en l'honneur de M. le Maire de Domfront et de la Municipalité, en l'honneur de M. le Sous-Préfet et de vous tous, Messieurs. »

Un brillant feu d'artifice termina la journée, tandis que de nouveau on dansait sur les places publiques.

MÉMOIRES

LES MONUMENTS MÉGALITHIQUES

DE L'ARRONDISSEMENT DE DOMFRONT

Par M. Léon COUTIL.

Canton de DOMFRONT

CHAMPSECRET

PIERRE A LÉGENDE. MENHIR ? — *La Roche au Loup* se trouve près de la Fontaine du Château, dans une clairière étroite surplombant une gorge resserrée; c'est une pyramide de quartz, ayant à la base 3^m 50 et 4^m 50 de hauteur. Une cavité située au sommet conserve de l'eau pendant une partie de l'année, ce qui a fait dire à des paysans crédules que c'était une source merveilleuse.

LA LANDE SAINT-SIMÉON

MENHIR ? — *La Pierre Percée* se trouvait encore, vers 1825, dans une clairière du petit bois de La Lande-de-Roufit; mais un jour des chercheurs de trésors l'abattirent, en y attelant des chevaux et des bœufs pour la renverser.

On peut la voir à plat sur le sol; la pointe paraît avoir été brisée; elle mesure 3^m 25 de long; la base est assez large et le sommet mesure 0^m 50 de diamètre.

BIBLIOGRAPHIE. — *Diction. archéol. de la Gaule* (fasc. II, p. 62, 1878) signale *la Pierre Percée* ou *Pierre de la Demoiselle*.

SAINTE-CLAIRE-DE-HALOUZE

PIERRE BRANLANTE. LA PIERRE DE HALOUZE. — Sur le bord de la route de Flers à Domfront, à peu de distance des rochers et du camp du Chatelier, dans la forêt de Halouze, se trouve un bloc rectangulaire surmonté d'une pierre plus petite et un peu pointue. Dans cette forêt se trouve le dolmen de la *Chambre à la Dame*.

TAILLEBOIS

PRÉTENDU DOLMEN. — Malgré les indications mentionnées par l'*Inventaire des monuments mégalithiques* (1880, p. 17) et celle de Joanne dans son *Département de l'Orne* (1892, p. 71), je n'ai pu savoir où se trouverait ce prétendu dolmen; il doit donc y avoir eu jadis une mauvaise indication.

Canton de LA FERTÉ-MACÉ

COUTERNE

DOLMEN DU LIT DE LA GIONNE. — Ce monument en ruines est situé dans la forêt d'Andaine, au bord d'un chemin forestier; il n'existe plus qu'une pierre verticale de grès et une autre qui lui est adossée perpendiculairement et un peu inclinée; de 3 mètres de long, 2^m40 et 2^m60 de large, 0^m45 d'épaisseur; le pied des deux pierres est à 1^m15 de distance.

BIBLIOGRAPHIE- — L. Blanchetière: *Les Monuments mégalithiques des environs de Bagnoles* (*Bull. Soc. hist. et arch. de l'Orne*, t. XI, p. 482-483).— Mlle A. Bosquet : *La Norm. roman. et merveil.*, 1845. p. 183. — Bertrand : *Arch. gaul. et celtique*, 2e édit., 1889, p. 437.— G. Le Vaux : *Guide illustré du baigneur à Bagnoles*, Bagnoles-de-l'Orne, 3e édit., p. 97. — L. Coutil : *Invent. mon. mégal. Orne*, 1895, p. 26, 27, et *Dict. palethnol. de l'Orne*.

LA SAUVAGÈRE

ALLÉE COUVERTE DE LA GROTTE DES FÉES OU MAISON
DES FÉES. — La plus belle allée couverte de la Normandie se trouve au hameau de La Bertinière, au milieu
de terrains cultivés et désignés sous le nom de *Champ
de Bras* ou *de Désert*. De là, on distingue le *Mont de
Géraume*, haut de 325 mètres, séparé par la vallée de
la Vée. Ce monument fut découvert en septembre 1880,
en faisant des travaux de terrassements, et fouillé l'année suivante par le propriétaire, M. de Contades, avec
l'aide de MM. Appert et Tirard.

L'allée est orientée est-ouest, elle mesure 14^{m}70; sa
largeur varie de 1^{m}10 à 1^{m}40, sa hauteur intérieure
est de 1^{m}10; une cloison échancrée, formée de deux
blocs de granit moins élevés que les parois, sépare la
chambre en deux parties. Les supports, au nombre de
dix-huit, sont formés de blocs de grès quartzeux; ils
étaient tous en place, lors de la découverte; seules les
pierres placées sous les tables inclinées du côté intérieur de la galerie furent redressées. La table 1 recouvrait la chambre sépulcrale, elle était inclinée vers le
couloir; sa forme est presque triangulaire. La table 2
recouvrait les deux pierres qui forment l'orifice de la
chambre; elle était tombée du côté sud de la galerie.
La table 3 fut retrouvée à sa place primitive. La table 4
avait été posée sur la table 5, d'où on la fit glisser à sa
place primitive. La table 5 dépassait toutes les autres
en longueur (elle mesure près de 3 mètres); du côté
nord, quelques pierres ont été ajoutées à la paroi pour
supporter la table. La table 6, ayant été brisée, est
beaucoup plus courte que les autres; elle était tombée
dans l'intérieur de l'allée, d'où il fut impossible de
l'extraire qu'avec beaucoup de peine. La table 7 devait
primitivement recouvrir l'allée, mais elle n'a pas été

retrouvée. La table 8 se trouve à l'extrémité actuelle de la galerie; elle est appuyée sur la paroi sud; ses grandes proportions n'ont pas permis de la relever. La table 9, située en dehors de l'allée et de l'autre côté de la cloison qui ferme la galerie à l'ouest, devait recou· vrir l'entrée du monument; une seule des deux pierres qui lui servaient d'appui a été retrouvée.

La chambre sépulcrale est à l'extrémité Est du monument, et presque carrée; elle devait être fermée par deux pierres de forme ronde, dont une est encore debout ; l'autre est tombée extérieurement, du côté nord, et n'a pas été relevée, pour permettre de voir l'intérieur de la chambre; cette pierre mesure 1^m 80 de long sur 1^m 55; ces deux cloisons de granit juxtaposées paraissent avoir été taillées. La partie supérieure est de forme ovale. Une pierre retrouvée dans les déblais semble avoir servi à fermer cette ouverture. Les dalles de recouvrement, ainsi que les pierres qui les supportent ont une épaisseur qui varie entre 0^m 025 et 0^m 045.; elles sont en grès quartzeux, sauf une seule qui est en granit à gros grains.

Les fouilles de la chambre n'ont donné qu'un os humain, une pierre presque ronde, polie avec soin et dont les bords étaient tranchants, des fragments de poterie noire striée avec des bourrelets et deux silex taillés; dans la galerie, un fragment de crâne de carnassier, des pierres calcinées.

Des superstitions étaient attachées à ces pierres, qui abritaient des nains malfaisants et des lièvres fantastiques; les fées y cachaient les bestiaux; des bergers racontaient avoir entendu pétrir le pain !

BIBLIOGRAPHIE. — Comte de Contades : *Notes sur les fouilles opérées au hameau de la Bertinière* (*Bull. Soc. antiq. Normandie*, t. XI, 1881-1882, p. 226-230). — De Contades : *L'Allée couverte de la Bertinière* (*Matériaux p. l'hist. primit. et nat. de l'homme*, 16e an née, 2ᵉ série, t. XII, 1881, p. 117-120). — Note de M. Blanchetiére (*Bul. Soc. hist. et arch. de l'Orne*, t. XI, p. 479-481). *Notice sur quelques monuments druidiques du départ. de l'Orne* (*Mém. Soc. antiq. Normandie*, t. V, p, 120-155). — *L'Orne archéol et pittor. de la Sicotière. Un tumulus non catalogué: l'allée couverte de la Bertinière* (*Science populaire*, 3ᵉ année, p. 438-439, avec planche). — De Contades : *L'Allée couverte de la Bertinière* (*Bul. soc. scient. d'Argentan*, 1883, p. 282-284. — J. Tirard : *Note sur la Grotte aux Fées de la Bertinière* (*Ordre et Liberté*, nᵒ 6, octobre 1880, reproduit dans la *Rev. hist. et arch. du Maine*, t. VIII, p. 182-184). — W. Challemel : *L'allée couverte de la Bertinière* (planche). — W. Challemel, *id.* (*La Normandie monument. et pittoresque*, édit. Lemale. Départ. de l'Orne, 1896, photogravure).— G. de Vaux : *L'allée couverte de la Bertinière* (*Guide illustré du Baigneur à Bagnoles-de-l'Orne*, 3ᵉ édit., p. 163-169, 2 pl.).— L. Coutil : *Invent. des monum. mégalithiques du départ. de l'Orne*, p. 24 à 26. (Congrès de Bordeaux, 1895, Assoc. franç. p. l'av. des sciences: et *Dictionnaire palethnologique du département de l'Orne*, p.   ).

MAGNY-LE-DÉSERT

PRÉTENDUS MENHIRS. — M. E. Vimont a signalé deux menhirs sur le territoire de cette commune; mais nous n'insistons pas sur cette mention, car M. Vimont était ultra-fantaisiste dans ses classifications. (*Bul. Soc. scient. d'Argentan*, 1885, p. 305.)

Canton de JUVIGNY-SOUS-ANDAINE

JUVIGNY-SOUS-ANDAINE

DOLMEN RUINÉ DU LIT DE LA GIONNE. — Nous avons déjà mentionné sur Couterne le Lit de la Gionne, qui se trouve dans la forêt, à la limite des communes de Couterne et La Chapelle-Moche, avec Juvigny-sous-Andaine.

Canton de FLERS

LA LANDE-PATRY

Canton de MESSEI

LA COULONCHE

PRÉTENDU MENHIR. — C'est à tort que l'*Inventaire des monuments mégalithiques* de 1880 a signalé un menhir sur cette commune, que M. de Contades, habitant de cette région, a cherché en vain.

LE CHATELLIER

PRÉTENDU MENHIR. — *Le Dictionnaire archéologique de la Gaule* (p. 277) a cité un menhir ou grosse pierre avec blocs superposés dans la forêt de Halouze; notre enquête n'a encore rien donné à ce sujet.

Canton de PASSAIS

PASSAIS

MENHIR DU PERRON. — Au sud et à 2 kilomètres du dolmen de la *Table du Diable*, à 4 kilomètres de Passais, à l'entrée du village du Perron (section E, n° 357 du cadastre), dans une châtaigneraie, M. de Contades a découvert un menhir en diorite, dont la base, très large, forme une sorte de socle à 0^{m}40 du sol; un des côtés forme une aiguille verticale, tandis que l'autre côté simule un dos d'âne arqué; sa hauteur est de 3 mètres et sa base pentagonale mesure 5 mètres de circonférence; on le désigne sous le nom de *la Pierre* ou *Menhir du Perron*. A côté se trouve une autre aiguille de pierre renversée de 2^{m}60 de longueur, qui semble être un autre menhir.

D'après une légende, ce menhir tournerait trois fois
sur lui-même lorsque le coucou chante pour la première fois de l'année. Nous rappellerons que des
croyances analogues sont attachées à des monuments
peu éloignés, à la *Porte Tournante* de Culey-le-Party,
à la *Pierre Tournante* de Livarot (Calvados), et à la
Roche Folle (Avranchin).

BIBLIOGRAPHIE. — A. Bosquet: *La Normandie roman. et merveilleuse*, 1845, p. 188, citation. — De Contades : *Passais et ses monuments. (Bul. Soc. scient. d'Argentan*, 1887, p. 318-326). — Joanne : *Département de l'Orne*, 1892, p. 66, indique des menhirs, ce qui est
inexact, il n'y en a qu'un.

ALLÉE COUVERTE DE LA TABLE DU DIABLE. — Entre
Passais et Mantilly, sur le bord de la route et de la
chapelle de l'Oratoire, se trouve, presque en face, un
petit chemin bordé d'arbres qui traverse l'étang de
Passais et conduit au village du Domaine.

Après avoir traversé ce hameau et deux champs
entourés d'arbres, situés au sud-ouest du village, on
aperçoit à droite, dans une futaie de hêtres, de nombreux blocs de diorite entassés; on pourrait même
croire un instant que l'on a devant soi un dolmen,
tandis que c'est un phénomène d'ordre géologique. A
50 mètres plus loin, vers l'est, au bord d'un talus formant la séparation de deux champs, se trouvent les
vestiges d'une allée couverte, connue dans le pays sous
le nom de *Table du Diable*, composée de blocs de diorite (*grunstein*), roche abondante dans la région et qui
est exploitée pour la construction. Ce monument est en
bon état, vers l'ouest; mais, à l'est, il a été mutilé
depuis fort longtemps, et la chute d'un gros châtai-
gnier, pendant l'hiver de 1894, a déplacé les supports
de la quatrième table.

Cette allée couverte se compose actuellement : au
nord, de sept supports mesurant environ $0^m 80$ ou

1ᵐ 30 de largeur sur 0ᵐ 40 d'épaisseur; et, au sud, seulement de quatre; leur élévation au-dessus du sol est de 1ᵐ 30.

La première table, à l'ouest, est tombée verticalement contre les premiers supports; elle mesure 2ᵐ 30 de long; la seconde table, bien en place, mesure 2ᵐ 80 de long sur 1ᵐ 40 de large; la troisième, 2ᵐ 60 sur 1ᵐ 60; et enfin la quatrième, déplacée pendant l'hiver de 1894-1895, mesure 2ᵐ 50 sur 1ᵐ 50; l'épaisseur de ces tables varie entre 0ᵐ 50 et 0ᵐ 80.

La largeur du vestibule dans la partie ouest, seule bien conservée, est de 1ᵐ 45; cet espace se trouve formé par deux supports formant un angle obtus; la longueur totale de la partie de l'allée encore existante est de 6 mètres.

Du côté nord, on voit, à un mètre des supports, un bloc de 2ᵐ 50 qui est enfoncé obliquement dans le sol; de ce côté, du reste, le monument est enterré jusqu'à la hauteur des tables, tandis qu'au sud, les supports sont dégagés sur une hauteur de 1ᵐ 50 environ.

Nous avons demandé à M. Hamond, avoué à Mayenne et propriétaire du monument, de bien vouloir faire abattre avec précaution et ébrancher d'abord les gros châtaigniers qui entourent ce monument; car la chute d'un de ces arbres, ainsi que cela s'est déjà produit, amènerait la destruction totale de la dernière partie intacte de ce beau monument.

Des légendes existent naturellement sur la Table du Diable : « On prétend que, le soir, on voit des lumières errer sur les pierres (le voisinage du marais et de feux follets ne serait pas absolument invraisemblable, quoique le dégagement de l'hydrogène sulfuré incandescent soit rare).

« Une vieille femme, passant près de l'allée couverte, un vendredi saint, à l'aube, aurait aperçu la terre couverte d'argent; elle aurait voulu se baisser pour le ramasser, mais elle s'évanouit aussitôt; à son réveil, l'argent avait disparu !

« Une nuit d'automne, un homme passant auprès de ces pierres aurait été saisi et battu par deux grands gaillards qui l'auraient laissé à moitié mort; il put rentrer chez lui, mais il mourut des suites de sa peur.

« On raconte aussi que, la nuit, on entend des bruits fantastiques et qu'il existe, près de ces pierres, des trésors dont la place est indiquée par une inscription située au-dessus de la porte d'une maison du village des Plardières ?

BIBLIOGRAPHIE. — Galeron : *Monuments druidiques du dép. de l'Orne. Recherches archéol. sur l'arrond. de Domfront (Mém. antiq. Normandie*, 1829-1830, p. 141, 157, 158). — *Lithographie de Dulomboy, d'après un dessin de Vauquelin de Sassey. (Mém. antiq. Normandie*, t. IV, 1829-1830); cette lithographie n'est pas exacte et ne l'a jamais été, puisque la partie actuelle·elle-même est mal reproduite ou mal comprise. — L. Coutil: *Dictionnaire palethnologique de l'Orne*, p.   et *Inventaire des monuments mégalithiques de l'Orne*, 1896, planche et plan, p. 27 à 29.

TUMULUS ? — A 5 kilomètres au sud de Passais, vers Saint-Siméon, il existe une éminence portant le nom de *Butte à Chopeau;* elle jouit aussi d'une légende, mais nous ne croyons pas que cette butte puisse être un tumulus artificiel recouvrant un monument mégalithique ou une sépulture de l'âge du fer.

MANTILLY

ABRI SOUS ROCHE ? — LA MAISON AUX SARRAZINS. — A 80 mètres de la route de Saint-Mard-de-Grenne à Mantilly et à 1.500 mètres de cette commune, dans la pente du coteau boisé du Mont-Richard, dominant le petit ruisseau du Pont-Barrabé (appelé vulgairement le Fourzéau), se trouve un rocher en diorite, au centre duquel existe une excavation de 1ᵐ50 de largeur, 1ᵐ80 de profondeur et 1ᵐ20 de hauteur; cette cavité aurait été, paraît-il, plus vaste, mais des éboulements de la partie supérieure l'auraient en partie bouchée, vers 1880; elle porte le nom de *Maison des Sarrazins*. Une légende de bœuf ou taureau noir caché dans ce trou effrayait jadis les personnes crédules, qui n'osaient le soir passer par le chemin de Mantilly à Saint-Mard-de-Grenne; cette croyance aux bœufs noirs était attachée à des monuments voisins : au *menhir d'Orgères* et à la *Table du Diable de Passais*.

SAINT-SIMÉON

MENHIR DE LA PIERRE LEVÉE. — L'*Inventaire des monuments mégalithiques* (1880, p. 17) signale un menhir sur cette commune; jusqu'ici, nous n'avons pu le trouver.

TINCHEBRAY (chef-lieu de canton)

PIERRE A LÉGENDE. — LA CHAIRE DU DIABLE. — A 2 kilomètres du bourg se trouve la *Chaire du Diable*, à laquelle est attachée une légende rappelant celle où le Diable essaie de tenter le Christ en le conduisant sur une montagne, du haut de laquelle il lui montre ses royaumes.

Le programme du Congrès porte la visite d'un monument mégalithique à Saint-Bomer, que nous ne connaissons pas; est-il vraiment un monument *authentique* ?

NOUVELLES DE L'AGRICULTURE

Culture des terres après la moisson

Les plantes adventices que nous rencontrons le plus communément sont : les chardons, les liserons, puis les renouées (trainasse ou herbe à cochon), enfin les chrysanthèmes ou marguerites, les coquelicots, les bluets, dont les fleurs plaisent à tant de personnes en villégiature, mais qui, pour le cultivateur, n'en sont pas moins des plantes extrêmement nuisibles, puisqu'elles finissent, tant elles sont abondantes, par se substituer quelquefois aux céréales elles-mêmes.

Nous avons cité les chardons. A ce sujet, nous ferons remarquer que, dans certaines régions, l'autorité administrative a pris des arrêtés ordonnant leur destruction ; les cultivateurs semblent ne pas s'en préoccuper le moins du monde. Certaines opérations, très faciles cependant à exécuter, permettraient d'obtenir des terres propres. Comment doit-on s'y prendre ? Faut-il revenir à la jachère qui, aux yeux de la plupart des cultivateurs, est encore indispensable pour obtenir un bon nettoiement du sol ? Non, nous blâmons l'emploi de cette méthode. Dans toute culture bien entendue, la jachère, ce repos de la terre, doit être rejetée.

Nous avons à notre disposition, pour préparer convenablement les terres avant leur ensemencement, des procédés très simples, qu'il suffirait de mettre en pratique pour obtenir, après quelques années de très belles récoltes sans mélange de plantes adventices. Ces procédés consistent non pas seulement en labours de déchaumages, préconisés généralement, mais en une suite d'opérations parmi lesquelles il y en a une qui s'en rapproche beaucoup, et qui a pour but de favoriser la germination des mauvaises graines qui infestent les champs. Ces mauvaises graines ont presque toujours un volume très petit et conséquemment ne peuvent germer dans le sol qu'à une profondeur de 2 ou 3 centimètres au plus.

Or, on ne peut guère prendre avec une charrue ou même une polysoc moins de 7 ou 8 centimètres d'épaisseur, profondeur obtenue communément quand on fait des labours de déchaumage, exécutés immédiadement après la fauchaison des céréales, c'est-à-dire après la moisson. Si nous examinons bien ce qui se passe quand on opère de cette façon, nous voyons que les graines des plantes adventices se trouvant à 8 centimètres de profondeur, il leur est matériellement impossible de germer.

En effet, il faut à une graine pour germer, et de quelque nature qu'elle soit, les trois conditions suivantes :

1° Une certaine quantité de chaleur ;
2° Une certaine quantité d'humidité ;
3° Une certaine quantité d'air.

Si la graine que l'on veut détruire a un volume considérable, on pourra, sans inconvénient, l'enterrer à une grande profondeur ; tout le monde sait que l'on sème les haricots, les fèves, plus profondément que les petits pois et les radis, dont les graines sont plus petites. Cette opération dont nous voulons parler et qui se rapproche beaucoup du labour de déchaumage exécuté au moyen de la charrue, consiste à faire emploi d'un instrument spécial, qui n'est autre que le *scarificateur ;* cet instrument ne fait qu'écroûter la surface du sol qui devient suffisamment meuble pour fournir aux mauvaises herbes qui vivent au détriment de la richesnation. Ce déchaumage, on le comprendra, s'effectue beaucoup plus rapidement qu'avec la charrue. Quinze jours ou trois semaines après ce premier travail, toutes ou presque toutes les graines qui se trouvaient à la surface du sol ont germé et acquis un certain développement : si, à ce moment on vient à pratiquer un second déchaumage ou labour léger, on enterrera, non plus les graines qui auraient pu conserver toutes leurs facultés germinatives jusqu'au moment où la charrue les aurait ramenées à la surface, c'est-à-dire après une période de dix-huit mois ou deux ans, mais bien de jeunes plantes grêles, chétives, qui seront bientôt détruites par le seul fait de leur déplacement et de leur enfouissement par la charrue.

Par cet ensemble et cette suite d'opérations, au bout de peu de temps, deux ou trois ans au plus, toutes les mauvaises herbes qui vivent au détriment de la richesse du sol seraient complètement détruites.

On voit de suite la conséquence de cette pratique :

1° Réduction considérable du nombre des labours;

2° Nettoiement plus parfait du sol ;

3° Augmentation notable des récoltes.

Le trèfle incarnat.

Les plantes de la famille des légumineuses ont une place prépondérante dans la constitution des fourrages pour l'alimentation du bétail ; elles forment toujours un fourrage de qualité, riche en principes nutritifs, et très goûté des animaux, si bien qu'il faut souhaiter que la culture de ces plantes soit répandue dans toutes les exploitations où elle est économiquement possible.

Or, elles sont très nombreuses les fermes où la culture des légumineuses fourragères permettrait d'avoir un bétail plus abondant, mieux nourri, et par suite des bénéfices plus élevés. Mais faut-il encore opérer avec discernement et en toute connaissance de cause.

Quelques légumineuses particulièrement précieuses demandent à être cultivées avec beaucoup de soin ; le trèfle incarnat, tout spécialement recommandable par sa valeur fourragère, est assez difficile à bien réussir ; aussi quelques cultivateurs hésitent-ils à entreprendre sa culture malgré les nombreux avantages qu'ils pourraient en retirer. Pourtant, c'est une culture simple, elle doit donner d'excellents résultats à la condition de prendre garde aux conditions de température et de milieu dans lesquelles la plante est appelée à végéter, et les cultivateurs de notre Midi le savent bien.

Le trèfle incarnat, appelé quelquefois aussi trèfle du Roussillon, est une plante annuelle des plus précieuses par sa précocité et ses qualités alimentaires. On en connaît quatre variétés différentes par l'époque de leur maturité, elles permettent d'échelonner l'alimentation en vert depuis la fin du mois d'avril, jusqu'à fin juin, pendant deux mois environ.

La première qui paraît est le *Trèfle incarnat ordinaire*, elle fleurit dans la première quinzaine de mai ; puis viennent successivement, à des intervalles variables de dix à quinze jours, le *Trèfle incarnat ordinaire tardif*, le *Trèfle incarnat blanc tardif*, qui possède des fleurs blanches contrairement aux autres variétés, qui ont de belles fleurs rouges ; enfin, le *Trèfle incar-*

nat extra-tardif. Ce dernier est le plus vigoureux et le plus productif et c'est celui qu'il faut recommander tout spécialement.

Le trèfle incarnat est assez exigeant sous le rapport du sol. S'il s'accommode des sols pauvres en éléments nutritifs, il ne s'habitue que fort difficilement à ceux qui ont de mauvaises qualités physiques. C'est ainsi qu'il redoute les terrains humides, surtout ceux qui sont inondés à l'automne ; il végète également mal dans les terrains trop riches en calcaire, trop sablonneux ou tourbeux.

Par contre, les bonnes terres franches lui conviennent à merveille, de même que les sols argileux, argilo-calcaires ou argilo-siliceux.

Sa place, dans l'assolement est tout indiquée après une céréale qui a appauvri le sol en azote. Grâce au pouvoir nitrificateur des nodosités des racines des légumineuses, le sol peut, peu à peu, retrouver l'azote qui lui manque, et il devient apte ensuite à donner de bonnes récoltes de blé, ainsi que l'ont prouvé de récentes expériences sur la valeur des blés après trèfle, luzerne.

Le trèfle incarnat, venant après une céréale, se sème dans le courant d'août ou de septembre. Assez souvent, les semis effectués en août mettent longtemps à lever, car la sécheresse ordinaire de cette saison ne favorise guère la germination.

Avant le semis, il faut donner au sol un labour de déchaumage, puis un léger coup de herse ou de scarificateur.

Les cultivateurs ne sont pas d'accord sur l'opportunité du labour avant le semis de trèfle incarnat ; quelques-uns prétendent que tout travail préparatoire est inutile ; d'autres veulent faire un ou plusieurs labours légers. Nous pensons qu'il faut se ranger à l'avis de ces derniers, non pas que le labour ait une grande in-

fluence sur la marche de la végétation du trèfle incarnat lui-même, mais il permet de détruire les mauvaises herbes qui peuvent venir entraver cette végétation,
et l'expérience de longues années de pratique agricole
a montré que l'ameublissement superficiel du sol était
des plus utiles, lorsque ce dernier était destiné à porter du trèfle incarnat. Le labour effectué ne doit être
qu'un labour superficiel ; on a, en effet, remarqué
qu'on réussit toujours mieux sur une terre tassée que
sur un sol trop divisé.

Le semis du trèfle incarnat se fait à la volée, soit
avec des graines nues, soit avec des graines en bourres,
c'est-à-dire pourvues de leurs enveloppes. Il faut employer par hectares 18 à 20 kilos de graines nues, alors
qu'il faut au moins 50 kilos à l'hectare, si on prend des
graines en bourre.

On enterre les graines nues en donnant un coup de
rouleau à la terre ; pour les autres graines, il est nécessaire de herser et de rouler après avoir semé, afin
de briser en partie l'enveloppe de poils isolant la graine du sol, qui est une entrave au contact intime de la
terre humide et du tégument.

A cet effet, on mélange souvent aux graines en
bourre une certaine quantité de sable ; cela facilite
l'épandage.

Les graines en bourre plus difficiles à semer donnent, par contre, une levée en général plus régulière
et plus hâtive, car la bourre, formée du calice de la
fleur, est très hygrométrique et absorbe l'eau nécessaire
à la germination.

Quoique le trèfle incarnat puise dans l'air une partie
de l'azote qui lui est nécessaire, il est indispensable de
lui fournir au moins les autres éléments fertilisants au
moyen d'une distribution d'engrais chimiques. On
peut employer de 3 à 400 kilogrammes de scories de

déphosphoration par hectare, et 150 à 200 kilogrammes de sulfate de potasse ou 5 à 600 kilogrammes de Kainite à l'hectare.

Le trèfle incarnat n'a guère besoin de façons culturales, s'il a été bien semé, la levée est toujours assez drue pour étouffer la plupart des mauvaises herbes qui pourraient lui nuire, et il faut seulement pratiquer l'épierrage en vue de faciliter la fauchaison.

La récolte du trèfle incarnat s'effectue au fur et à mesure des besoins. Elle peut commencer dès que les belles fleurs rouges ou blanches s'épanouissent. Les tiges sont alors très tendres et constituent un fourrage qui convient aussi bien aux chevaux qu'aux bœufs, vaches et moutons.

La fauchaison du trèfle incarnat doit se faire de bonne heure. Effectuée trop tard, lorsque le trèfle est complètement muri, le fourrage a perdu de sa valeur alimentaire, il a gagné du poids, mais il est plus dur ; les éléments ligneux dominent et chacun sait qu'ils ne sont pas appréciés du bétail, qui a de grosses difficultés à le digérer.

Le trèfle incarnat ne cause jamais la météorisation du bétail, et on peut le laisser consommer par les animaux en toute liberté. Ceux-ci s'en trouvent d'ailleurs très bien, et leur état de santé est tout à la louange de leur nourriture.

Les rendements de la culture du trèfle incarnat peuvent dépasser 30.000 kilos à l'hectare, et la grande quantité, en même temps que la qualité de ce fourrage, suffisent pour le recommander à l'attention de tous les cultivateurs des régions où une température trop froide ne rend pas cette culture impossible.

La Gourme du cheval.

La Gourme est une maladie contagieuse qui atteint le plus fréquemment les jeunes sujets (de 2 à 6 ans).

La Gourme frappe aussi les poulains dans les premières semaines qui suivent la naissance et, sous ce rapport, présente une certaine analogie avec la maladie du jeune âge.

Quoi qu'il en soit, cette affection est incontestablement celle qui cause le plus grand dommage à la production chevaline et, à ce titre, mérite de retenir l'attention des éleveurs.

Parmi les causes qui favorisent l'infection et préparent le terrain à la maladie, il convient de citer : le jeune âge, une constipation débile, les refroidissements, les intempéries, le surmenage, le défaut de soins hygiéniques, etc.

La Gourme revêt presque toujours le caractère endémique dans les écuries très peuplées, chez les marchands de chevaux, l'armée, les haras, les grandes administrations.

Les voies respiratoires semblent être la principale porte d'entrée de l'agent infectieux ; toutefois, dans les pays d'élevage où la gourme sévit d'une manière permanente, on voit la contagion se faire parfois à la faveur des plaies accidentelles ou opératoires.

Les premiers symptômes de la gourme sont ceux d'une angine plus ou moins grave, accompagnée d'un engorgement des ganglions de l'auge. Au jetage séreux des premiers jours succède bientôt une sécrétion purulente, d'un gris blanc jaunâtre ou jaune verdâtre s'écoulant par les naseaux et toujours beaucoup plus abondante chez les jeunes sujets que chez les animaux vieux, chez qui elle est presque nulle. Quand la gourme « avorte », l'inflammation des ganglions s'éteint assez rapidement et ceux-ci ne s'abcèdent pas. Mais dans la grande majorité des cas, une tuméfaction chaude et douloureuse envahit l'auge, déborde les ganaches et s'étend à la région parotidienne. Bientôt des abcès se forment qui donnent écoulement à du pus crémeux, épais, blanc jaunâtre. En même temps que se manifestent ces symptômes, l'appétit diminue ou disparaît. Il y a de la fièvre, de l'abattement ; la respiration devient un peu accélérée, irrégulière. On note de la faiblesse musculaire, un œdème plus ou moins accusé des membres postérieurs et, quand la maladie se prolonge, un amaigrissement graduel et toujours très accentué. Dans quelques cas, une éruption pustuleuse caractéristique apparaît autour des naseaux à la lèvre supérieure et sur les faces de l'encolure, mais ces lésions sont toujours très fugaces.

Cette forme de la maladie (gourme bénigne) ne dure guère que deux à trois semaines et se termine presque toujours par la guérison. D'après les statistiques, le chiffre de la mortalité serait de 2 à 3 p. c.

Traitement. — Isoler les malades dans une écurie chaude, mais en même temps aérée. Bandages ou frictions révulsives autour de la gorge. Administrer à l'intérieur, en deux fois, dans la journée, suivant la taille, 10 à 20 grammes de kermès dans une quantité suffisante de miel et de poudre de réglisse, boissons émolientes tièdes contenant 10 à 20 grammes d'iodure de potassium, 100 grammes de sulfate de soude ou 20 grammes de bicarbonate de soude. Fumigations de goudron, d'eau de mauve et d'eau de son chaude légèrement crésylée, frictions d'onguent, vésicatoire sur les abcès ; aliments de facile digestion, fourrages verts, carottes, barbotage de son ou de farine d'orge, avoine gonflée, quand il n'y a pas de fièvre, grains cuits. Bonne hygiène , désinfection de l'écurie avec une solution de crésyl à 2-3 p. c.

Se défier des panacées, des remèdes secrets plus ou moins rares et jetés dans la circulation par des personnes peu scrupuleuses, leur efficacité étant plus que douteuse et leur emploi souvent nuisible. Enfin, en cas de complication (gourme maligne), appeler sans retard le vétérinaire.

Ne pas perdre de vue qu'une première atteinte de gourme ne confère pas l'immunité et qu'un sujet peut être frappé à nouveau, s'il devient le voisin d'un gourmeux.

Binages et Buttages.

Dans les exploitations agricoles où l'on se livre à la culture des plantes sarclées : betteraves, pommes de terre, carottes, navets, maïs, fèves, etc., la principale occupation du mois de juin consiste dans les binages et les buttages. L'importance de ces deux opérations culturales, que trop d'agriculteurs sont assez disposés à négliger, nous engage à les étudier un instant.

La propreté du sol est, sans contredit, l'une des conditions essentielles d'une bonne réussite, et d'après nos expériences personnelles faites en grande culture, voici les conclusions auxquelles nous nous sommes arrêtés. Si, en culture ordinaire, on n'arrive pas plus souvent aux rendements élevés, cela tient à deux causes principales : 1° à la distribution imparfaite des engrais à la surface ; 2° et c'est peut-être la cause la plus importante, à la masse des mauvaises herbes que porte le sol. Ces mauvaises herbes prospèrent vigoureusement sous l'influence du nitrate qu'elles utilisent aux dépens des plantes cultivées. Il est vrai que dans ce cas l'azote nitrique n'est pas complètement perdu : le labour enterre les plantes adventives qui restituent au sol ce dont elles l'ont dépouillé, mais l'effet de ces plantes n'en est pas moins préjudiciable : leur présence oblige à l'emploi d'une plus grande quantité d'engrais pour produire la même somme d'éléments nutritifs à l'égard d'une récolte.

Du reste, les mauvaises herbes ne nuisent pas seulement par leurs racines ; mais par leur développement aérien, souvent très rapide, elles étouffent et privent de l'air et de la lumière qui leur sont nécessaires les plantes cultivées.

Pour si légers que soient les binages — 0 m. 05 à 0 m. 12 au plus — ils sont suffisants pour soulever les herbes adventices, les arracher du sol, les bouleverser et leur empêcher de prendre racine : en un mot, ils nettoient la terre.

Les labours ont bien ameubli plus ou moins la couche arable ; mais, après un certain temps, la superficie des terres ensemencées ou plantées durcit sous l'influence de la pluie, de la chaleur ou des vents violents et il se forme à la surface une croûte compacte et dure qui intercepte l'action vivifiante de l'air, de la chaleur, de la pluie, des rosées. Si cette croûte est rompue, l'air peut circuler librement et apporter son contingent de principes fertilisants.

Les binages ont en outre le très grand mérite de maintenir dans le sol une fraîcheur favorable à la bonne végétation des récoltes ; ils restreignent la dessiccation profonde du terrain. Comment cela ? dira-t-on. Bien simplement. Lorsqu'après un labour le sol a subi un tassement d'intensité variable, la couche supérieure laisse s'échapper dans l'atmosphère l'humidité qu'elle contient; mais pour parer aux pertes ainsi faites, elle s'empare graduellement de l'humidité des couches inférieures, ce qui explique les sécheresses complètes qui se produisent en été dans les terrains non binés, sécheresses qui occasionnent des crevasses, des fissures, permettant encore une plus rapide évaporation.

La terre présente un grand nombre de petits interstices juxtaposés qui jouent le rôle de tubes capillaires par lesquels l'eau monte jusqu'à la surface. C'est une action analogue à celle qui fait que l'huile monte dans les mèches, que l'encre est absorbée par le buvard, que du sucre plongé en partie seulement dans du café s'imbibe de liquide en tous ses points, etc. Après un binage, la capillarité n'exerce plus son action, la partie supérieure est séparée du reste de la terre meuble, l'adhérence est rompue et par suite de cette solution de continuité l'eau ne peut plus monter à la surface pour s'évaporer.

C'est ce qui fait dire aux cultivateurs méridionaux *qu'un binage vaut un arrosage*, et aux agronomes français *que la houe est l'arrosoir de la betterave*.

Les binages sont donc des opérations de toute première utilité ; un exemple le démontrera du reste mieux encore que le raisonnement. Nous avons fait une expérience qui est concluante : un champ de pommes de terre fut divisé en deux parties égales : l'une fut binée et produisit 26.000 kilos de tubercules ; l'autre ne reçut pas de façon culturale et donna 6.500 kilos.

Si importants cependant que soient les effets des binages, ils ne sont complets que tout autant que ces opérations sont exécutées en temps utile. Il ne faut jamais retarder ou ajourner les binages, le premier surtout, sous peine de n'obtenir que des effets incomplets. Il faut partir de ce principe que, pour assurer la prospérité des plantes sarclées, il est nécessaire de ne souffrir autour d'elles ni mottes, ni croûtes, ni herbes.

Après une pluie, les binages sont toujours plus profitables et plus économiques ; toutefois il faut ne les exécuter qu'alors que la surface est suffisamment ressuyée pour ne pas adhérer aux pieds et aux outils. Les premiers doivent être faits aussitôt que les jeunes plantes marquent à peu près les rangs ; ils sont toujours superficiels et exigent plus de temps et d'attention que les binages suivants que l'on fait de plus en plus profonds et en aussi grand nombre que cela est nécessaire.

Les binages s'exécutent à la main ou à la houe. Ce dernier instrument est si perfectionné aujourd'hui, il permet d'opérer avec une telle rapidité — on peut biner en un jour de 2 à 5 hectares suivant la largeur de la houe — que les propriétaires ont grand intérêt à en faire usage, étant donnée l'économie qui en résulte. Nos constructeurs français tiennent sans conteste le premier rang pour l'excellence de la fabrication des houes à cheval à un ou plusieurs rangs. Citons la houe-cultivateur *l'Européenne* pour la culture de la vigne, des betteraves, des pommes de terre, du maïs, du tabac et toutes plantes en lignes, de MM. Emile Puzenat, ingénieur-constructeur à Bourbon-Lancy (S.-et-L.); la houe à cheval avec distributeur d'engrais pour trois et quatre rayons de M. A. Bajac, ingénieur-constructeur à Liancourt (Oise).

La maladie de la pomme de terre.

Cette maladie est causée par le développement d'un champignon du genre *peronospora* qui attaque les feuilles, les tiges et les tubercules. Les feuilles prennent un aspect cloqué et les tubercules pourrissent.

Pour la prévenir, il faut faire un choix rigoureux des semences, bannir les tubercules malades ainsi que ceux dont les jets sont faibles, allongés, et renouveler de temps à autre les meilleures espèces pour en éviter l'abâtardissement ; on doit semer de bonne heure, avec une forte fumure, sur un sol profondément ouvert à l'automne, retourné à la charrue et convenablement hercé dès le printemps, en n'employant que des tubercules entiers, et jamais sur un terrain contaminé. Il est nécessaire de brûler les fanes malades sur le champ, après l'arrachage.

La maladie de la pomme de terre se développe surtout dans les années humides. On la combat à la bouillie bordelaise en plusieurs traitements, le premier dans la première quinzaine de juin, les autres à trois semaines d'intervalle. La bouillie doit être de 2 % de sulfate de cuivre, on peut y ajouter 3 % de carbonate de soude.

Voici la formule d'une bouillie bordelaise ordinaire: eau 100 litres ; sulfate de cuivre, 3 kilos ; chaux grasse (pesée vive), 2 kilos.

1° Faire fondre le sulfate de cuivre dans 20 litres d'eau froide ; éteindre un peu avant l'emploi la chaux, et faire avec elle un lait clair et homogène ; 2° verser lentement, en agitant, le lait dans la solution de sulfate de cuivre (ne pas faire le contraire), brasser et ajouter enfin la quantité d'eau nécessaire pour faire 100 litres de bouillie en déduisant les 20 litres employés pour dissoudre le sulfate. Pour éviter de brûler les feuilles, s'assurer que la bouillie n'est pas acide ; pour cela plonger dans le liquide du papier de tournesol bleu : s'il rougit, ajouter du lait de chaux jusqu'à ce que le papier reste bleu. On peut aussi faire l'épreuve avec une lame de fer décapée : quand, après une immersion de 4 minutes, la lame se recouvre d'un léger enduit de cuivre, c'est que la bouillie est trop acide et qu'il faut y ajouter du lait de chaux. Préparer la bouillie dans des vases ou récipients en bois, le sulfate attaquant les métaux, et asperger en se servant d'un vaporisateur spécial ou une seringue en atteignant le dessous des feuilles.

Les prairies naturelles et le nitrate de soude (1).

La guerre a eu pour effet immédiat et très caractérisé de provoquer une consommation relativement plus considérable qu'en temps normal de la viande et des dérivés de la production animale.

De gros prélèvements de bétail ont été faits sur notre cheptel, au point de le compromettre. Il s'agit, maintenant que l'on a vu le danger, de sauvegarder cette branche de notre richesse nationale, non seulement en intensifiant l'élevage, mais encore en poussant activement l'engraissement des animaux à sacrifier éventuellement.

Pour qu'il en soit ainsi, il faut des fourrages abondants, il faut des herbages riches et à grande activité végétative.

D'une façon générale, les prairies naturelles ont, cette année, fort bonne tenue. La fenaison des prairies de fauche est commencée et fait espérer une récolte avantageuse. Quant aux pâturages, on s'accorde à reconnaître qu'ils nourrissent bien leur bétail.

Mais cela ne suffit pas. Dans un cas comme dans

(1) *Délégation française des producteurs de nitrate de soude du Chili*, rue Taitbout, 60, Paris (IXe).

l'autre, il est plus indispensable aujourd'hui que jamais de provoquer, par des soins appropriés, une bonne «repousse» de ces prairies, de façon à obtenir ici une deuxième coupe abondante, et là, une luxuriance de végétation permettant de tenir le bétail à la pâture aussi tard que possible à l'automne.

Il peut se faire, au cours de l'été, suivant les circonstances, que la «repousse» soit lente, manque de vigueur. C'est ce qui arrive inévitablement pendant les étés plus ou moins secs. Dans ces conditions, les animaux n'ont à leur disposition qu'une nourriture trop parcimonieuse, insuffisante pour qu'il soit permis d'obtenir d'eux tout ce qu'ils sont susceptibles de donner, à moins qu'on en réduise le nombre.

Or, par l'application de 125 à 150 kilos de nitrate à l'hectare sur les prairies de fauche, immédiatement après l'enlèvement de la première coupe, ou pour les herbages, en pleine période de dépaissance, on peut facilement, grâce à la grande solubilité du produit, remédier à cet inconvénient.

Au cours d'expérences qui ont duré vingt-cinq ans, Lawes et Gilbert, à Rothamsted, ont montré l'action exceptionnellement favorable, sur prairies, du nitrate de soude utilisé en été.

Sur les prairies de fauche, l'épandage du nitrate ne demande aucune précaution, mais lorsqu'on utilise cet engrais sur pâture, il faut que ce soit en l'absence des animaux. Le bétail ne doit être réintroduit sur l'herbage que lorsque l'engrais est bien dissous. Une méthode très pratique consiste, la pâture se trouvant divisée en plusieurs carrés, à passer les animaux, une fois un carré épuisé d'herbe, dans le carré voisin. L'épandage du nitrate se fait aussitôt dans le carré abandonné.

Autant que possible, il faut employer le nitrate sur

les prairies, lorsque le temps est à la pluie, ou par matinée de grande rosée afin d'assurer sa dissolution.

On a observé que la prairie qui reçoit constamment une petite quantité de nitrate de soude, souffre moins qu'une autre de la sécheresse. Le nitrate, produit hygrométrique maintient en effet le sol plus frais. Mais, d'autre part, les racines des plantes descendant à la recherche de cet engrais diffusible subissent à un moindre degré les conséquences de la dessiccation qui atteint les couches superficielles.

On nous objectera peut-être que le nitrate de soude est difficile à trouver et très cher cette année à raison de la guerre. A cela nous répondrons que la période de grosses demandes étant close, et les arrivages continuant à se faire à peu près régulièrement, il n'est pas impossible de trouver maintenant du nitrate disponible, même à des prix en plus ou moins grande baisse.

Dans tous les cas, il n'est pas rare de provoquer, avec un apport de 150 kilos à l'hectare de nitrate de soude, une augmentation de récolte qui peut facilement se traduire par 1.500 à 2.000 kilos de foin sec.

Au prix où sont actuellement les fourrages et les animaux qui les consomment, il n'y a pas à hésiter à employer du nitrate de soude sur prairies en été, les résultats que cet engrais est susceptible de donner étant ainsi particulièrement économiques.

Conseils d'un praticien sur la culture de la pomme de terre.

Des façons — Les façons à donner à la pomme de terre, pendant le cours de sa végétation, sont d'une importance capitale. Le retard dans les binages, en permettant le développement des mauvaises herbes, pourrait compromettre très sérieusement la récolte. Voici les façons indispensables à donner à cette plante en temps utile.

Huit jours environ avant la levée de la pomme de terre, on doit donner sans crainte, deux dents de herse aux champs ensemencés. La pomme de terre déjà enracinée ne souffre pas de ces hersages.

Lorsque les lignes sont bien visibles, on doit semer le nitrate à la main et passer immédiatement la bineuse à cheval entre les lignes. Puis, aussitôt après, exécuter le binage à la main, entre les touffes, sur la ligne.

Lorsque les tiges de pommes de terre auront environ 0^m25 de hauteur et surtout bien avant qu'elles se rejoignent, passer le buttoir à cheval et donner immédiatement après le buttage à la main, comme il est dit plus haut pour le binage.

Du buttage. — Je recommande essentiellement le buttage aussitôt qu'il n'y a plus crainte de couvrir les touffes. Lorsqu'il est exécuté trop tard, il se fait une destruction considérable de chevelus qui nuit énormément à la végétation.

Je ne partage pas l'opinion des personnes qui considèrent le buttage comme inutile ; je le crois, au contraire, très avantageux pour plusieurs raisons : 1° pour la façon utile du buttage ; 2° en recouvrant les tubercules de terre il les garantit de la verdissure et des premières gelées ; 3° il est reconnu qu'en cas de maladie, plus les tubercules sont couverts, mieux ils sont préservés des spores du phytophtora.

« Le buttage augmente d'ordinaire le rendement et diminue la maladie ».

De la maladie. — La maladie de la pomme de terre est due au parasitisme d'un champignon appelé phyptophtora intestans.

La maladie se manifeste généralement vers le mois de juillet, au moment où sous l'action combinée des pluies persistantes et de la chaleur, elle rencontre les conditions les plus favorables à son développement.

On en remarque les premiers symptômes par l'apparition de taches à la face inférieure des feuilles.

Cette maladie, qui a beaucoup d'analogie avec celle de la vigne, est efficacement combattue par un traitement au sulfate de cuivre. On emploie à cet effet une bouillie composée de 2 kilos de sulfate de cuivre, 3 kilos de cristaux de soude par cent litres d'eau, avec laquelle on arrose largement le champ, à la dose de 18 hectolitres environ à l'hectare. La dépense totale de cette opération est d'environ 30 francs à l'hectare.

Ce traitement, pour être efficace, doit être préventif, et c'est une grave imprudence d'attendre l'apparition de la maladie pour la combattre.

Voici la façon de préparer la bouillie ci-dessus indiquée : d'un côté, on dissout dans 50 litres d'eau les 2 kilos de sulfate de cuivre ; d'un autre, on dissout également dans 50 litres d'eau, les 3 kilos de cristaux de soude et l'on mélange ensuite le tout dans un tonneau défoncé.

Le résultat du mélange, après quelques instants de brassage, forme la bouillie bleue prête à être épandue à l'aide d'un pulvérisateur à dos d'homme ou à cheval.

Cette composition, qui n'est pas la seule efficace, a l'avantage d'adhérer solidement aux feuilles.

Un nouveau produit cuprique préparé en poudre (*dit bouillie au Lysol*) est très efficace et a l'avantage d'être prêt à répandre aussitôt mélangé à l'eau.

De la récolte. — L'arrachage de la pomme de terre se fait encore, aujourd'hui, à la main. Lorsque la main-d'œuvre fait défaut, nous employons l'arracheuse *Bajac* qui exécute un travail excellent et nous évite les piqûres de fourche si fréquentes lorsque les ouvriers sont peu soigneux.

On ne peut indiquer à l'avance une date précise pour l'arrachage de la pomme de terre. L'époque de la maturité de chaque variété reste toujours subordonnée aux conditions météorologiques de l'année.

La maturité de la pomme de terre est complète quand toutes les feuilles sont fanées. Il est reconnu que tant qu'un bouquet de feuilles, aussi petit soit-il, existe à l'extrémité des tiges, les tubercules profitent encore, mais aussitôt ce bouquet disparu toute végétation est arrêtée ; l'époque de l'arrachage est alors arrivée.

En grande culture, nous ne pouvons pas attendre cette complète maturité pour commencer l'arrachage, les variétés tardives conservent quelquefois leurs feuilles au delà de la mi-octobre et, si nous tardions, les mauvais temps de novembre pourraient compromettre sérieusement nos récoltes. L'arrachage des variétés hâtives commence en septembre et se continue par les variétés tardives dont le travail doit être entièrement terminé dans les premiers jours de novembre.

Du reste, les tubercules, arrachés incomplètement mûrs, s'améliorent parfaitement dans les silos, lorsqu'ils ne sont pas bouleversés.

De la conservation. — La conservation de la pomme de terre nécessite des précautions assez minutieuses. La première chose à observer pour la conservation en cave ou en cellier est de la rentrer bien sèche. Le meilleur moyen d'arriver à ce résultat est de laisser la pomme de terre, après l'arrachage, en tas couverts de paille pendant environ trois semaines, elle aura, comme on le dit vulgairement, jeté son feu, et se trouvera dans les meilleures conditions de conservation.

Pour la conserver en silos, le meilleur mode consiste à faire des petits silos de 1.000 à 2.000 kilos maximun.

Une couche de paille d'environ 0 m. 20 sera mise sur les tubercules et recouverte par une épaisseur de terre de 0 m. 50 à la partie inférieure et 0 m. 30 à la partie supérieure des silos ; en cas de gelée dépassant 15 degrés, une couche de fumier ou de mauvais foin devra être appliquée sur la terre des silos.

Il est indispensable de ménager une ou deux bouches d'air à chaque silo, qui seront fermés en temps de gelée seulement.

Au printemps lorsque les gelées ne seront plus à craindre, les silos seront remués tous les huit jours afin de retarder le développement des germes.

Dans les caves, cette opération ne devra pas être négligée, et aura le double avantage d'éviter un trop long contact des tubercules avec les murs humides, ce qui les rend *impropres* à la germination.

Cultures fourragères dérobées.

On peut, en cette saison, cultiver des plantes fourragères, capables de résister aux chaleurs de l'été et fournissant du fourrage vert jusqu'à l'arrière-saison. Les plantes qui peuvent être semées avec le plus de succès, pour peu qu'il survienne quelques pluies favorisant la germination, sont : le maïs (maïs précoce des motteaux, maïs dent de cheval, maïs jaune), la moutarde blanche, le sarrasin, la vesce de printemps, le moha de Hongrie, la spergule, le pois gris, la navette d'été, le ray-grass d'Italie.

En dehors des maïs qui peuvent être semés à différentes époques de la saison, pour être consommés en vert ou être ensilés, il est indiqué de former des mélanges de plusieurs plantes, afin que l'ensemble résiste mieux aux influences atmosphériques défavorables, et aussi pour obtenir un fourrage de meilleure qualité.

Ces formules de mélanges n'ont rien d'absolu, elles doivent, nécessairement, varier selon les terrains et les situations. Les mélanges suivants qui peuvent être semés du 15 mai au 15 juillet, pour être coupés en vert douze à quinze semaines après, ont donné des résultats satisfaisants dans un grand nombre de situations.

Par hectare : 2 kilos de colza de printemps, et 35 kilos de maïs, dans les terres fraîches.

2 kilos de moha de Hongrie, 5 kilos d'espergule, 40 kilos de pois gris et 3 kilos de navette d'été, dans les terres sèches.

40 kilos de maïs, 25 kilos de sarrasin, 3 kilos de moutarde blanche, et 10 kilos de ray-grass d'Italie, dans les terres moyennes.

A la fumure de fond constituée par le fumier de ferme, il est utile d'ajouter des engrais immédiatement assimilables, par exemple : 150 kilos de sulfate d'ammoniaque, 300 kilos de superphosphate et 10 kilos de sulfate de potasse. Cette formule doit être modifiée selon la quantité de fumier employée.

Les semences de plantes fourragères seront répandues dans un sol aussi meuble que possible ; un énergique coup de rouleau fera adhérer aux graines les particules terreuses et facilitera la levée uniforme des plantes.

Il est à conseiller aussi de cultiver les choux fourragers, les raves et les navets, de semer dès le début de l'automne la navette d'hiver, le colza d'hiver, le seigle commun, le trèfle incarnat, qui fourniront de la nourriture verte dès les premiers jours du printemps suivant.

Augmentons notre production fourragère.

Les agriculteurs ont le plus grand intérêt, cette année, à étendre les cultures de plantes fourragères pour assurer une nourrriture abondante aux différents animaux de la ferme, pour permettre de développer l'élevage, pour réduire en même temps les surfaces à labourer et à travailler, etc., etc. A cet effet, M. Schribaux a indiqué dans la séance du 31 mars dernier de l'Académie d'agriculture que les ensemencements de légumineuses permettent d'atteindre ce but. Ils sont d'autant plus recommandables, dit-il, que les graines, cette année, sont d'un prix moins élevé, circonstance due à une abondante production en 1914, d'une part, et, d'autre part, à l'impossibilité pour les marchands grainiers, d'expédier des semences de légumineuses aux Allemands, qui sont nos principaux clients.

A côté des semis de légumineuses dans une céréale servant de couverture, on peut étendre avantageusement ces semis aux terres nues. Les semis de trèfle et de minette sont particulièrement intéressants.

Le trèfle, semé au printemps, fournit, en général, une bonne demi-récolte et peut être conservé l'année suivante ; il donne alors une récolte normale. On peut aussi, dès la première année, en obtenir des semences. C'est même sur des semis de printemps que M. Schribaux produit toujours les semences de trèfles sélectionnés de la Station d'essais de semences.

La minette de printemps fournit une bonne récolte moyenne, mais comme elle se ramifie moins que la minette semée dans une céréale en couverture, il faut semer assez dru, à raison de 30 kilogrammes à l'hectare.

La pratique des semis au printemps des petites légumineuses fourragères est non seulement recommandable pendant les années anormales comme celle que nous traversons, mais en tout temps elle peut rendre les plus grands services dans les régions où les jachères occupent encore une place importante. Dans ces régions, où les fumures sont si insuffisantes, les légumineuses doivent servir d'engrais verts ; elles auraient, de plus, l'avantage de laisser les terres plus propres, moins envahies de mauvaises herbes se multipliant par graines.

Dans sa communication, M. Schribaux ajoute que les semis les plus précoces sont les plus sûrs, ceux qui fournissent les rendements les plus élevés.

NÉCROLOGIE

Gustave VALMONT

Inspecteur de l'Association Normande

Les membres de l'Association Normande venus en juillet 1912 au Congrès de Caudebec-en-Caux n'ont pas oublié que l'honneur de son succès revint, en grande partie, à M. Gustave Valmont. Il en fut un des organisateurs les plus dévoués, et dans la visite qu'ils firent de l'ancienne et pittoresque ville normande, dans les excursions de Jumièges, de Saint-Wandrille, de Sainte-Gertrude et de Villequier, il se montra auprès de ses confrères un guide aussi aimable qu'instruit.

L'Annuaire de notre Société conserve les communications historiques, archéologiques et artistiques qu'il sut multiplier, ainsi que son important travail : *Esquisse de l'histoire de Caudebec-en-Caux.* Ce mémoire restera une des œuvres les plus attachantes de ce jeune et brillant écrivain, mort au champ d'honneur, le 6 septembre, à Courgivaux, près d'Esternay.

Gustave Valmont naquit à Paris en 1881, mais il était Normand par le cœur et par tradition. Sa famille paternelle habitait, depuis bien des générations, cette région de Caudebec et de Barentin. Son père, le docteur Félix Valmont, l'avait quittée pour se fixer à Paris, où, grâce à sa science, à son expérience et à son dévouement, il se créa une clientèle nombreuse et choisie.

Le succès qu'il avait trouvé à Paris ne lui fit jamais oublier sa province et, l'été, il venait se reposer avec Mme Valmont et ses enfants, d'abord à Barentin, puis à Caudebec, où il acquit la pittoresque maison normande édifiée naguère pour M. Charles Darcel par M. Janet, l'habile architecte rouennais.

Très au courant des questions scientifiques, littéraires et sociales, le docteur Valmont fut un chrétien convaincu et agissant, et sa mort, survenue le 13 septembre 1908, fut très vivement ressentie par les siens et par ceux qui le connaissaient.

Gustave Valmont ressemblait physiquement à son père et, comme ce dernier, il avait l'esprit ouvert à toutes les questions, mais il était surtout porté vers les études littéraires et historiques.

Après de brillantes études au lycée Condorcet, il avait fait son droit, passé sa licence ès-lettres (philosophie) et était entré à l'École des Chartes. Il sortait de cette école savante après avoir soutenu sa thèse sur *le Commerce des grains dans la généralité de Rouen au XVIIIe siècle*.

Ce travail n'a pas été imprimé. Notre regretté confrère voulait le compléter par des recherches approfondies dans différents dépôts d'archives, mais il nous en a laissé un aperçu dans une communication au Congrès du Millénaire de la Normandie, où il fit ressortir les mérites du jeune intendant de Rouen, Antoine-Paul-Joseph de Brou.

Poète fin et délicat, il a laissé un volume de vers fort apprécié : *L'Aile de l'Amour*, publié en 1911.

Malgré de précieuses amitiés à Paris et les facilités

que lui procurait la capitale pour ses travaux, Gustave Valmont se sentait de plus en plus attiré vers sa chère Normandie et vers Caudebec, dont il eût sans doute écrit l'histoire approfondie et qu'il décrivait en ces termes :

« Un paysage, dont nul beau voyage n'a pu me détacher, s'impose à moi depuis l'enfance : une vieille église, des toits serrés entre deux collines rondes, un fleuve mi-actif, mi-paresseux, où toujours, parmi des bateaux plus pressés, tarde et frissonne quelque voile, des terres si soignées, si aimées que, vues de haut, elles ont l'air d'un immense jardin aux lignes régulières et calmes, et sur tout cela, les nuages, les souffles et parfois l'odeur de la mer toute proche. »

Mais, si Gustave Valmont avait un culte particulier pour ce coin de terre normande, quel amour ne professait-il pas pour la France, « nation lentement, péniblement formée, dont les intérêts se confondent avec ceux de la civilisation, qui s'est formée avec elle » (1). Aussi avec quel élan et quelle ardeur demanda-t-il à partir dans les premiers, comme sergent au 74e de ligne, pour la défense de la Patrie envahie par l'ennemi.

Gustave Valmont avait toutes les qualités pour devenir un écrivain complet. Il avait des connaissances approfondies, l'esprit critique et l'élégance du style.

La Normandie aurait trouvé en lui un historien et un littérateur qui lui eût fait honneur. Jamais, cependant, il n'eût écrit page plus belle que celle qu'il a tracée en versant son sang pour son pays et pour la défense de la civilisation chrétienne.

Dieu aura récompensé cette âme délicate, qui accepta si généreusement le sacrifice suprême. Ce sera l'hon-

---

(1) *Esquisse de l'histoire de Caudebec-en-Caux.*

neur et la consolation de sa famille qu'il aimait tant et en particulier de sa mère, Mme Félix Valmont, et de notre confrère Pierre Valmont, auxquels l'Association Normande offre ses bien douloureux sentiments de condoléances.

Ch.-A. DE BEAUREPAIRE.

TABLE DES MATIÈRES

Caen. — Impr. H. Delesques, rue Demolombe, 34.

PARIS-NORD A LONDRES

et vice-versa

Service Rapide vià BOULOGNE-FOLKESTONE

Voitures à intercirculation

Pour de plus amples renseignements, consulter les affiches et l'Indicateur Chaix ou s'adresser à la gare de **Paris-Nord**.

CHEMINS DE FER DE L'ÉTAT

BILLETS DE BAINS DE MER

L'administration des Chemins de fer de l'État, en vue de permettre aux personnes qui désirent se rendre sur les nombreuses plages de la Manche et de l'Océan comprises entre Dieppe et l'embouchure de la Gironde de profiter des billets d'aller et retour à prix réduits dits de « Bains de Mer », a décidé que l'émission de ces billets spéciaux serait autorisée, cette année comme les années précédentes, pendant la saison d'été.

Elle a, en conséquence, pris les mesures utiles pour que la délivrance des billets dits de « Bains de Mer » soit effectuée jusqu'au 31 octobre dans toutes les gares de son réseau.

Les voyageurs ont ainsi la faculté d'utiliser :

Sur l'ensemble du réseau, des billets de toutes classes valables pendant 33 jours et pouvant être prolongés d'une ou deux périodes de 30 jours moyennant un supplément de 10 0/0 par période :

Sur les lignes du sud-ouest, des billets à validité réduite : billets du vendredi au mardi ou de l'avant-veille au surlendemain d'une fête; billets valables seulement le dimanche ou un jour férié ;

Sur les lignes de Normandie et de Bretagne, des billets valables. suivant le cas, 3 jours, 4 jours ou 10 jours.

STATIONS THERMALES

Il n'y a pas de maladie qui ne puisse être soignée en France et pour les docteurs, les malades et même les touristes, les stations thermales françaises peuvent avantageusement remplacer les villes d'eaux allemandes et autrichiennes.

C'est ainsi que les goutteux, les rhumatisants, les arthritiques trouvent à *Aix-les-Bains* (sur le Lac du Bourget), à *Bourbon-Lancy*, à *Evian-les-Bains* (sur le Lac de Genève), à *Nenthon* (sur le Lac d'Annecy), à *Thonon-les-Bains* (sur le Lac de Genève), à *Vichy*, le traitement qu'ils allaient chercher à *Wiesbaden, Carlsbad, Marienbad, Bad-Homburg, Baden-Baden, Bad-Nauheim, Kissigen*.

Pour les maladies des voies respiratoires, *Allevard-les-Bains*, dans le Dauphiné, sera substitué à *Aix-la-Chapelle, Bad-Ems, Neundorf,* ou *Landeck*.

Au lieu de se rendre à *Kreurnach*, les anémiques iront à *Besançon*, où sont traitées aussi la tuberculose localisée et les maladies des femmes.

Les eaux de *Brides-les-Bains*, pour le diabète, de *Châtel-Guyon* et de *Pougues-les-Eaux*, pour les maladies de l'intestin et du foie, possèdent les vertus curatives d'*Eppingen*, d'*Holzhausen*, de *Muskau*, de *Solden*, de *Franzensbad*.

Les neurasthéniques, les cardiaques, les lymphatiques ont *Divonne-les-Bains, Royat, Salins, Saint-Nectaire, Uriage-les-Bains* au lieu de *Landech, Bad-Nauheim, Johannis*.

Vals-les-Bains, Saint-Gervais, Saint-Honoré-les-Bains offrent les mêmes avantages thérapeutiques que *Nildungen, Bad-Kreuznach* et *Ellsen*.

Pour se rendre à ces différentes stations, la Compagnie P. L. M. met en marche des trains spéciaux et confortables et a créé des billets d'aller et retour individuels ou collectifs pour permettre d'y séjourner.

CONGRÈS DE L'ASSOCIATION NORMANDE

INDICATION DES VILLES

Dans lesquelles se sont tenus les Congrès agricoles et industriels

de l'Association Normande, depuis l'année 1833.

1833.	—	Caen.	1875.	— Granville.
1834.	—	Id.	1876.	— Bayeux.
1835.	—	Evreux.	1877.	— St-Valery-en-Caux.
1836.	—	Alençon.	1878.	— Vernon.
1837	—	Saint-Lo.	1879.	— Argentan.
1838.	—	Pont-Audemer.	1880.	— Valognes.
1839.	—	Avranches.	1881.	— Orbec.
1840.	—	Dieppe.	1882.	— Bolbec.
1841.	—	Cherbourg.	1883.	— Bernay.
1842.	—	Rouen.	1884.	— Vimoutiers.
1843.	—	Mortagne.	1885.	— Coutances.
1844.	—	Coutances.	1886.	— Honfleur.
1845.	—	Neufchâtel.	1887.	— Saint-Saëns.
1846.	—	Argentan.	1888.	— Conches.
1847.	—	Carentan.	1889.	— Sées.
1848.	—	Bernay.	1890.	— Avranches.
1849.	—	Pont-l'Evêque.	1891.	— St-Pierre-sur-Dives.
1850.	—	Fécamp.	1892.	— Bacqueville.
1851.	—	Lisieux.	1893.	— Les Andelys.
1852.	—	Domfront.	1894.	— Alençon.
1853.	—	Les Andelys.	1895.	— Carentan.
1854.	—	Avranches.	1896.	— Vire.
1855.	—	Caen.	1897.	— Pavilly.
1856.	—	Gournay.	1898.	— Brionne.
1857.	—	Alençon.	1899.	— La Ferté-Macé.
1858.	—	Louviers.	1900.	— Montebourg.
1859.	—	Vire.	1901.	— Falaise.
1860.	—	Cherbourg.	1902.	— Neufchâtel.
1861.	—	L'Aigle.	1903.	— Louviers.
1862.	—	Elbeuf.	1904.	— Flers.
1863.	—	Bernay.	1905.	— Mortain.
1864.	—	Falaise.	1906.	— Bayeux.
1865.	—	Coutances.	1907.	— Fécamp.
1866.	—	Le Havre.	1908.	— Gisors.
1867.	—	Pont-Audemer.	1909.	— Mortagne.
1868.	—	Flers.	1910.	— Granville.
1869.	—	Isigny.	1911.	— Honfleur et Pont-l'Evêque.
1870.	—	Mortain.		
1871.	—	Caen.	1912.	— Caudebec-en-Caux.
1872.	—	Eu.	1913.	— Verneuil-sur-Avre.
1873.	—	Damville.	1914.	— Domfront.
1874.	—	La Ferté-Macé.		